Marvin Köhler

Leasingbilanzierung nach IFRS 16

Eine Effektanalyse am Beispiel der
europäischen Luftfahrtindustrie

Diplomica Verlag GmbH

Köhler, Marvin: Leasingbilanzierung nach IFRS 16. Eine Effektanalyse am Beispiel der europäischen Luftfahrtindustrie, Hamburg, Diplomica Verlag GmbH 2017

Buch-ISBN: 978-3-96146-525-5
PDF-eBook-ISBN: 978-3-96146-025-0
Druck/Herstellung: Diplomica® Verlag GmbH, Hamburg, 2017

Bibliografische Information der Deutschen Nationalbibliothek:
Die Deutsche Nationalbibliothek verzeichnet diese Publikation in der Deutschen Nationalbibliografie; detaillierte bibliografische Daten sind im Internet über http://dnb.d-nb.de abrufbar.

© Diplomica Verlag GmbH
Hermannstal 119k, 22119 Hamburg
http://www.diplomica-verlag.de, Hamburg 2017
Printed in Germany

Inhaltsverzeichnis

Abkürzungsverzeichnis

A

Abb. ....*Abbildung*

Abs. ....*Absatz*

AG .... *Aktiengesellschaft*

AHK .... *Anschaffungs- / Herstellungskosten*

ARC ....*Accounting Regulatory Committee*

B

BDL ....*Bundesverband Deutscher Leasing-Unternehmen*

BilMoG.. *Bilanzmodernisierungsgesetz*

Bsp. ....*Beispiel*

bspw. ....*beispielsweise*

bzgl. ....*bezüglich*

bzw. ....*beziehungsweise*

D

d.h. ....*das heißt*

de lege ferenda ....*nach zukünftigem Recht*

de lege lata.. *nach geltendem Recht*

DRS..*Deutsche Rechnungslegungs Standards*

DRSC ....*Deutsche Rechnungslegungs Standards Committee*

E

EBIT ....*Earnings before Interests and Taxes*

EBITDA .. *Earnings before Interests, Taxes, Depreciation and Amortisation*

EBT ....*Earnings before Taxes*

ED ....*Exposure Draft*

EDV... *elektronische Datenverarbeitung*

EFRAG..............................*European Financial Reporting Advisory Group*

EMEA ....*Europe Middle East Africa*

EU ....*Europäische Union*

EWR...*Europäischer Wirtschaftsraum*

M

MLZ ....Mindestleasingzahlungen

R

ROI...Return on Investment

ROU ....Right-of-use

S

SARG .... Standards Advice Review Group

SIC .... Standing Interpretations Committee

SLB...Sale-Lease-Back

sog..sogenannt

U

US-GAAP .... United States Generally Accepted Accounting Principles

V

v.a... vor allem

vgl.. vergleiche

W

WACC .... Weighted Average Cost of Capital

Z

z.B. .... zum Beispiel

Abbildungsverzeichnis

1. Einleitender Teil

„One of my great ambitions before I die is to fly in an aircraft that is on an airline's balance sheet"

– Sir David Tweedie, 2008[1]

Der Wunsch des ehemaligen Vorsitzenden des International Accounting Standards Boards (IASB)[2] und das damit verbundene 10-jährige Konvergenzprojekt zur Reformierung der Abbildung von Leasingverhältnissen in Jahresabschlüssen sorgten in der letzten Dekade immer wieder für kontroverse Diskussionen in der Fachwelt für internationale Rechnungslegung. Nicht zuletzt machten sich viele kritische Stimmen aufgrund der signifikanten Auswirkungen des neuen Leasingstandards IFRS 16 weltweit breit und der damit einhergehenden wirtschaftlichen Konsequenzen für unzählige Branchen und Unternehmen.[3] Die Einführung des sog. „on-balance"-Ausweises, d.h. die Abschaffung einer außerbilanziellen Erfassung von Leasingvereinbarungen, ist dabei als die bedeutendste Innovation der internationalen Rechnungslegungsvorschriften zu betrachten.[4]

Doch nicht jede Veränderung führt auch zwangsläufig zu einer Verbesserung, weshalb die wesentliche Intention der vorliegenden Untersuchung in der kritischen Analyse der Leasingreform hinsichtlich der damit verbundenen angestrebten Zielsetzungen des Standardsetters liegt. Es wird folglich sowohl auf theoretischer Ebene als auch im Rahmen einer Effektanalyse am Beispiel der europäischen Luftfahrtindustrie gezeigt, inwieweit die beabsichtigten Verbesserungspotenziale realiter umgesetzt wurden und welche Möglichkeiten weiterhin im Sinne einer adäquaten Realisierung der Vorhaben existieren.

---

[1] (Kajüter, et al., 2016 S. 426)
[2] Amtszeit von 2001 bis 2011 (vgl. (Deloitte, 2012(i)))
[3] Vgl. Kapitel 3.2.4
[4] (Kirsch, 2016(b) S. 189)

1.1 Begriffsabgrenzungen

Zum besseren Verständnis des weiteren Verlaufs der Studie werden im Folgenden einige Begriffe erläutert, die in verschiedenen Zusammenhängen Anwendung finden. Demnach kann dieses Kapitel als „Nachschlagewerk" dienen.

1.1.1 Leasingbilanzierung

Der Begriff der Leasingbilanzierung beinhaltet zwei verschiedene Komponenten. Leasing einerseits wird allgemein als eine Form der Vermietung bezeichnet[5], bei der ein Wirtschaftsgut über eine zeitlich begrenzte Nutzungsdauer durch einen Leasinggeber einem Leasingnehmer gegen ein entsprechendes Entgelt überlassen wird.[6] Diese Definition ist inhaltlich konform mit der des IASB im Rahmen des IFRS 16 Appendix A.[7] In der Literatur jedoch fallen inhaltliche Abgrenzungen von Leasingformen oftmals nicht einheitlich aus, wodurch Leasing häufig als eine Sonderform der (Kredit-) Finanzierung dargestellt wird. Dieser Vergleich weist jedoch eine zu enge Sichtweise des Leasing-Begriffs auf, da sich die Argumentation zumeist auf die Art der Zahlungsentrichtung im Rahmen von Finanzierungs-Leasingverträgen fokussiert. Bei diesen Verträgen ist der Leasingnehmer über einen wesentlichen Zeitraum der Nutzungsdauer zu vereinbarten Zahlungen verpflichtet und für beide Vertragsparteien entfällt ein Kündigungsrecht.[8]

Für das weitere Verständnis der Untersuchung ist vor allem die Abgrenzung der verschiedenen wesentlichen Leasingformen von Bedeutung, die sich in Finanzierungs- und Operating-Leasing unterteilen lassen. Diese unterscheiden sich hauptsächlich in der Vertragsgestaltung: Während Operating-Leases v.a. durch kurze oder unbestimmte Laufzeiten sowie flexible Kündigungsbedingungen generell einen Mietcharakter

---

[5] (Kratzer, et al., 2002 S. 15)
[6] (Hastedt, et al., 1998 S. 13 ff.)
[7] „A contract, or part of a contract, that conveys the right of use an asset (the underlying asset) for a period of time in exchange for consideration." Für eine begriffliche Erläuterung IASB und IFRS siehe Kapitel 1.1.2 und Kapitel 2.2
[8] (Grundmann, 2013 S. 6 ff.)

aufweisen, gehen Finance-Leases wie bereits angedeutet, stark mit einer Bindung der Vertragsparteien an starre Vertragskonditionen im Rahmen unkündbarer Nutzungsdauern und entsprechender Ratenzahlungen einher.[9] Die Einteilung erfolgt ebenfalls maßgeblich anhand der Zuordnung des wirtschaftlichen Eigentums des Leasinggegenstands, definiert durch die damit verbundenen Chancen und Risiken. Während bei Operating-Leases der Leasinggeber das Risiko trägt und somit als wirtschaftlicher Eigentümer des Leasinggegenstands gilt, verhält es sich bei Finance-Leases diametral.[10] Eine ebenfalls Beachtung findende Sonderform des Leasings stellt das sog. Sale-and-lease-back-Verfahren dar. Hierbei werden oftmals mit dem Ziel, kurzfristig die Liquidität eines Unternehmens zu erhöhen, betriebsnotwendige Gegenstände[11] des Anlagevermögens an Leasinggesellschaften veräußert und anschließend zurückgeleast.[12] Die Klassifizierung von Leasingformen führt letztlich de lege lata zu erheblichen Unterschieden in der Bilanzierung von Leasingverträgen im internationalen Wirtschaftsraum (siehe Kapitel 3.1.1).

Die zweite Komponente des Begriffs der Leasingbilanzierung stellt die Bilanzierung dar. Hierunter versteht man die Pflicht zur Aufstellung einer Bilanz als Teil des Jahresabschlusses. Die Pflicht ist abhängig von der Größe und Rechtsform des Unternehmens und ist in § 238 Abs. 1 HGB verankert.[13] Im weiteren Verlauf der Studie wird Kapitalgesellschaften eine besondere Rolle im Rahmen der Bilanzierung nach internationalen Rechnungslegungsstandards zuteil, deren Pflicht zur zusätzlichen Aufstellung eines Konzernabschlusses im Rahmen des Jahresabschlusses nach deutschem Recht in §290 HGB verankert ist. Generell dient die Bilanz der Darstellung der Vermögenslage eines Unternehmens[14] und ist unter Berücksichtigung spezieller Regeln (siehe

---

[9] (Grundmann, 2013 S. 6 ff.)
[10] (Skusa, 2012 S. 27)
[11] Hierzu zählen sämtliche der Aufrechterhaltung des Betriebszwecks bzw. der Leistungserstellung notwendigen Vermögensgegenstände eines Unternehmens (vgl. (Gabler Wirtschaftslexikon, 2016(b))
[12] (Werner, et al., 2005 S. 26)
[13] Befreiung von der Pflicht zur Buchführung (vgl. §241a HGB)
[14] (Buchholz, 2016 S. 1)

hierzu Kapitel 2.2) zu erstellen, die auf nationaler sowie internationaler Ebene variieren können.

Führt man nun beide Komponenten zusammen, lässt sich aus dem Begriff der Leasingbilanzierung folglich die Berücksichtigung bzw. Behandlung von Leasingverträgen im Rahmen der Darstellung der Vermögenslage eines Unternehmens ableiten.[15]

1.1.2 IFRS, IAS und IASB

Die International Financial Reporting Standards (IFRS) oder zu Deutsch die internationalen Rechnungslegungsvorschriften bilden das Regelwerk zur Aufstellung von Konzernabschlüssen kapitalmarktorientierter Unternehmen.[16] [17] Anders als das deutsche Handelsgesetz finden die IFRS ihre Anwendung in sämtlichen EU-Mitgliedstaaten und dienen generell dem Zweck der besseren Vergleichbarkeit kapitalmarktorientierter europäischer Unternehmen, was durch eine Standardisierung der anzuwenden Rechnungslegungsvorschriften ermöglicht wird. Von der Standardisierung profitieren v.a. Investoren, die anhand einheitlicher Jahresabschlüsse neben einer hohen Informationstransparenz Zeit- und Kostenersparnisse realisieren.[18]

Generell umfassen die internationalen Rechnungslegungsvorschriften ein sog. framework (Rahmenkonzept), das allgemeine Vorschriften beinhaltet und hauptsächlich der Entwicklung alter wie auch neuer Standards sowie der Harmonisierung nationaler und internationaler Rechnungslegungsvorschriften dient.[19] Innerhalb des Rahmenkonzepts befinden sich die früheren noch geltenden International Accounting Standards (IAS) einschließlich ihrer Interpretationen (SIC) sowie die

---

[15] Die unterschiedliche Darstellung der Vermögenslage hat ebenfalls Auswirkung auf die Ertragslage eines Unternehmens; siehe hierzu Kapitel 3.1 und 3.2
[16] (Grünberger, 2015 S. 1)
[17] Anwendung übernommen in deutschem Handelsrecht (vgl. § 315a HGB)
[18] (Buchholz, 2014 S. 1)
[19] (IASB, 2015 S. 4)

neuen International Financial Reporting Standards (IFRS), die sukzessiv die früheren IAS sowie deren Interpretationen (IFRIC) ablösen.[20]

Die Standards sowie deren Diskussionsentwürfe (Exposure Drafts) und zugehörigen Interpretationen werden stets vom International Accounting Standards Board (IASB) entwickelt und zur EU weiten Verabschiedung freigegeben.[21] Beim IASB handelt es sich um eine unabhängige privatrechtliche Organisation aus 14 Experten mit Hauptsitz in London.[22] Weitere rechtliche Rahmendaten der IFRS sowie der Organisationsstruktur des IASB werden in Kapitel 2.2 erläutert.

1.2 Problemstellung der Studie

Wie bereits in der Einleitung angedeutet bietet die Bilanzierung von Leasingverträgen de lege lata eine große Angriffsfläche für Kritik. Dem bereits 1982 verabschiedeten IAS 17 wird hauptsächlich vorgeworfen, zu hohe Ermessenspielräume im Rahmen der Klassifizierung von Leasingverträgen nach Finance- oder Operating-Leasing zu bieten, woraus sich enorme Auswirkungen auf den gesamten Jahresabschluss der Leasingnehmer ergeben.[23]

Durch die intransparenten Regelungen der Klassifizierung tendiert ein signifikanter Anteil der Unternehmen (Leasingnehmer) oftmals zu einem Ausweis seiner vorhandenen Leasingverträge als Operating-Leases. Diese werden de lege lata lediglich „off-balance", also außerbilanziell im Konzernanhang des Jahresabschlusses ausgewiesen[24], woraus u.a. eine verzerrte Übersicht der Vermögenslage der Unternehmen resultiert, was ebenfalls die Beeinflussung mehrerer Finanzkennzahlen zur Folge hat. Vor allem durch den mangelnden Ausweis von geleasten Vermögensgegenständen auf der Aktivseite sowie dem synchronen Ausfall zugehöriger Verbindlichkeiten auf der Passivseite wird bisher

---

[20] (Federmann, et al., 2011 S. 13)
[21] (Ruhnke, 2008 S. 64 ff.)
[22] (Deloitte, 2016(h))
[23] (Eckl, et al., 2016(a) S. 662)
[24] (Buchholz, 2014 S. 60 ff.) i.V.m. (Deloitte, 2016(d))

sowohl Investoren, als auch Analysten und anderen Stakeholdern das korrekte Vergleichen von Jahresabschlüssen zwischen Unternehmen, die Vermögensgegenstände über eine Fremdfinanzierung erwerben sowie Unternehmen, die Vermögensgegenstände leasen, wesentlich erschwert.[25] Der Grad der Informationsverzerrung lässt sich anhand der vom IASB bereitgestellten Kosten-/Nutzenstudie („Effects Analysis") verdeutlichen (siehe Abb.1).

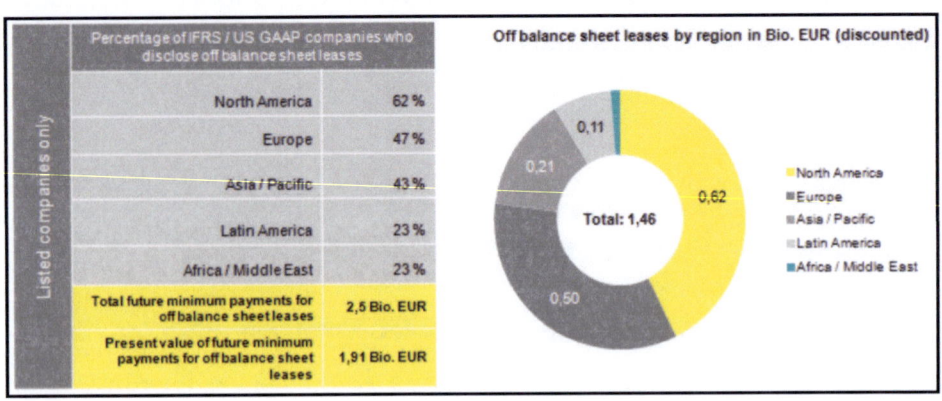

Abb. 1: Anteil und Umfang der „Off balance leases" börsennotierter Unternehmen EMEA und Amerika[26]

Die obige Abbildung veranschaulicht grafisch eine vom IASB veröffentlichte Analyse des Ausmaßes der derzeitigen Off-Balance-Leasingbilanzierungen. Der erste Teil der Analyse (Tabelle Abb. 1) bezieht sich auf eine Grundgesamtheit von 14.000 börsennotierten Unternehmen.[27] Diese weisen kumulativ umgerechnet eine geschätzte Summe diskontierter zukünftiger Leasingverpflichtungen von über 1,91 Billionen Euro in ihren Jahresabschlüssen aus. Dies entspricht knapp 65% des BIP der Bundesrepublik Deutschland in 2015.[28]

Der zweite Teil der Analyse (Kreisdiagramm Abb.1) basiert auf einer Stichprobe von 1.022 der 14.000 börsennotierten Unternehmen, die off-balance-leases ausweisen. Hieraus geht hervor, dass lediglich 3,4% der

---

[25] (Eckl, et al., 2016(a) S. 662)
[26] Basierend auf Daten von (IASB, 2016(a) S. 14 ff.); Umrechnungskurse basierend auf Dollar/Euro-Stichtagskurs zum 08.06.2016
[27] Insgesamt weisen in den angegebenen Regionen 14.000 von 30.000 börsennotierten Unternehmen (47%) Leasingverträge außerbilanziell aus (vgl. (IASB, 2016(a)))
[28] i.A.a. (Statista, 2016)

insgesamt 30.000 gelisteten Unternehmen über 76% der diskontierten Leasingverpflichtungen verantworten.[29] Teilt man nun die Summe auf die von diesem Sachverhalt betroffenen Branchen auf, ergibt sich folgende Übersicht:

Branche	Barwert zukünftiger außerbilanzieller Leasingverpflichtungen (in Mio. EUR)	Barwert zukünftiger außerbilanzieller Leasingverpflichtungen / Gesamtaktiva
Luftfahrt	104.722	22,7%
Einzelhandel	378.485	21,4%
Urlaub / Reisen	73.237	20,7%
Transport	59.803	11,6%
Telekommunikation	151.442	6,1%
Energie	252.508	5,5%
Andere	437.511	2,6%
Summe	1.457.708	5,4%

Abb. 2: Off-Balance-Leasing im Branchenvergleich[30]

Gemessen am absoluten Anteil des Gesamtvolumens, führt der Einzelhandel mit knapp 26% den Branchenvergleich an. Im Rahmen der Untersuchung wird jedoch der Sektor mit dem höchsten Anteil des Barwerts zukünftiger geschätzter außerbilanzieller Leasingverpflichtungen im Verhältnis zu dessen Gesamtaktiva untersucht (siehe Kapitel 3.3). Als Gesamtaktiva ist hierbei die Bilanzsumme, also das kumulierte Ergebnis aus kurzfristigem und langfristigem Vermögen zu verstehen. Diese Beobachtungsweise führt ergo zur Fokussierung auf die Luftfahrtindustrie, die mit 22,7% die höchste Quote von Off-Balance-Leases im Verhältnis zum Gesamtvermögen besitzt und ebenfalls maßgeblich zur angesprochenen Problematik der Informationsverzerrung in Jahresabschlüssen beiträgt.

---

[29] Anteil 1,46 Bio. EUR von einem Gesamtvolumen von 1,91 Bio. EUR
[30] Basierend auf Daten von (IASB, 2016(a) S. 16); Umrechnungskurse basierend auf Dollar/Euro-Stichtagskurs zum 08.06.2016

Durch die Einführung des neuen IFRS 16, der ab dem 01. Januar 2019 den bisher gültigen IAS 17 ablöst[31], wird dieser Problematik deutlich entgegen gewirkt. Jedoch weist auch dieser Standard einige Schwach- bzw. Problemstellen in der zukünftigen Umsetzung auf, die im Rahmen der kritischen Analyse in dieser Studie ebenfalls aufgezeigt und erläutert werden. So sehen sich betroffene Unternehmen bspw. mit der Auswirkung der bilanziellen Erfassung nahezu aller Leasingverträge konfrontiert, da hierbei entscheidungsrelevante Finanzkennzahlen maßgeblich beeinflusst werden können, was wiederum Auswirkungen auf die Finanzierung der Unternehmen haben kann.[32]

Zusätzlich sehen der konzeptionellen Ausarbeitung des neuen Standards viele Experten mit Skepsis entgegen. Einen großen Kritikpunkt stellt u.a. die oftmals schwer abzugrenzende Unterscheidung von Leasing- und Dienstleistungsverträgen dar. Da Dienstleistungsverträge de lege ferenda wie bisherige Operating-Leases als schwebende Geschäfte lediglich außerbilanziell erfasst werden, kommt dieser Abgrenzungsproblematik in Zukunft eine signifikante Bedeutung zu[33] (siehe Kapitel 3.2.1). Der Schwerpunkt des Buches liegt somit auf der kritischen Analyse des alten Standards sowie der theoretischen Ansätze und Überlegungen zur praktischen Implementierung der neuen internationalen Rechnungslegungsvorschrift zur Leasingbilanzierung nach IFRS 16.

1.3 Gang der Untersuchung

Um eine effektive Ausführung der kritischen Analyse im Rahmen einer Gegenüberstellung des IAS 17 und IFRS 16 und deren Auswirkungen zu ermöglichen, unterteilt sich dieses Buch in vier übergeordnete Kapitel. Neben der bereits aufgeführten Erläuterung der für das weitere Verständnis grundlegenden Begrifflichkeiten und der Problemstellung der Thematik, beinhaltet die Studie eine Beschreibung der äußeren wirtschaftlichen und rechtlichen Rahmenbedingungen, in deren Umfeld die

---

[31] (IASB, 2016(b))
[32] (Schmitt, 2016 S. 39)
[33] (Piesbergen, et al., 2015 S. 835)

kritische Untersuchung zum Tragen kommt. Hierbei wird ebenfalls die zunehmende Bedeutung der Leasingthematik hervorgehoben und veranschaulicht. Die kritische Analyse findet im darauffolgenden Kapitel im Rahmen einer direkten Gegenüberstellung des bisherigen und des neuen Standards Anwendung, indem zunächst theoretische Bilanzierungsansätze der Regelwerke verglichen und daraus resultierende Auswirkungen auf die Komponenten des Jahresabschlusses herausgearbeitet werden. Hierzu werden stets kritische Untersuchungen der vorliegenden Regelungen durchgeführt und anschließend geprüft, ob die dargestellten Kritikpunkte durch nachträgliche Änderungen behoben wurden bzw. ob durch innovative Ansätze eventuell neue Beanstandungen aufgetreten sind.

Anschließend werden die theoretischen Erkenntnisse im Rahmen einer Fallstudie veranschaulicht, um das erworbene Wissen anhand eines Praxistransfers zu vertiefen bzw. zu festigen. Für den Praxistransfer dient die Analyse der Auswirkung der Anwendung des IFRS 16 am Beispiel der europäischen Luftfahrtindustrie. Diese Branche wurde aus im Kapitel 1.2 genannten Gründen für die Untersuchung ausgewählt. Hierbei wird eine Simulation der Jahresabschlüsse drei bedeutender europäischer Fluggesellschaften unter der Prämisse der Anwendung des IFRS 16 für das Geschäftsjahr 2015 durchgeführt.

Letztendlich wird die Studie mit entsprechenden aus den analysierten Problemstellungen abgeleiteten Handlungsempfehlungen sowie einem Fazit und Ausblick für zukünftige Entwicklungen abgeschlossen.

2. Rahmenbedingungen einer Bilanzierung von Leasingverträgen nach IFRS 16

2.1 Wirtschaftliche Rahmendaten

Trotz der fälschlicherweise oftmals in der Literatur verwendeten Gleichsetzung von Leasing mit einer Form der Finanzierung gewinnt Leasing in den letzten Jahren zunehmend im Rahmen bestimmter unternehmensstrategischer Gestaltungsspielräume an Bedeutung.

Generell gibt es für Unternehmen folgende Möglichkeiten der Finanzierung im Sinne der Zuführung von Liquidität (siehe Abb. 3):

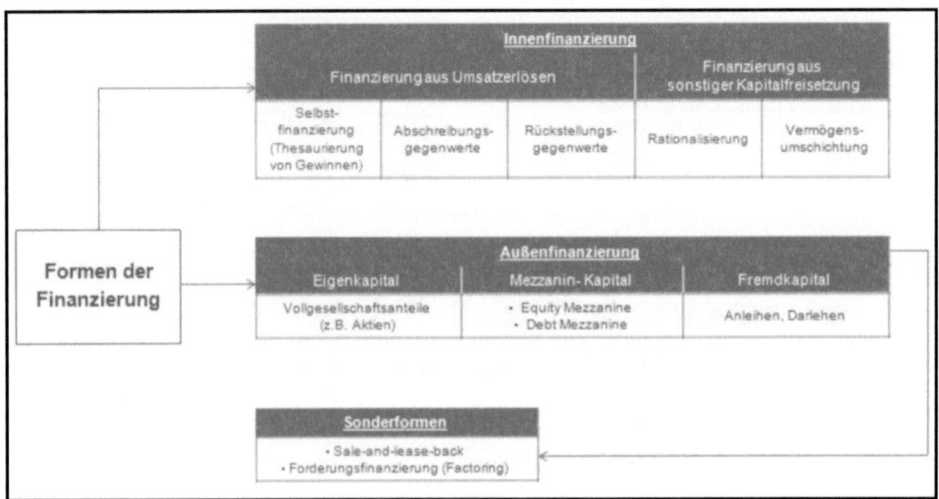

Abb. 3: Formen der Finanzierung eines Unternehmens[34]

Daraus ergeben sich für Unternehmen finanzstrategische Maßnahmen, welche Finanzierungsformen gewählt und in welchem Verhältnis sie angewandt werden. Die bekanntesten Formen der Finanzierung stellen die Selbstfinanzierung, d.h. die Einbehaltung von erwirtschafteten Gewinnen sowie die Außenfinanzierung durch Aufnahme von Fremdkapital (Aufnahme von Darlehen) und Eigenkapital (Ausgabe von Aktien) dar. Hieraus wird auch ersichtlich, das Leasing nicht als Finanzierungsform (Ausnahme: Sale-and-lease-back) klassifiziert werden kann, da durch Leasing keine Liquiditätszufuhr realisiert wird. Die

---

[34] Î.A.a. (Werner, et al., 2007 S. 27 ff.)

Verwechslung entsteht durch den Vorteil, der sich aus der Beschaffung eines Vermögensgegenstands durch Leasing gegenüber der Beschaffung durch Innen- oder Außenfinanzierung ergibt, da beim Leasing durch Ratenzahlung mehr Liquidität im Unternehmen gebunden bleibt, als beim direkten Kauf des Vermögenswertes durch bspw. Innenfinanzierung.[35]

Weitere Vorteile von Leasing als Investitionsalternative liegen in der exakten Kalkulation der zukünftig entstehenden Kosten, der steuerlichen Vorteilhaftigkeit, der Möglichkeit mit geringem Budget große Investitionen tätigen zu können sowie der Schonung von Bankkreditlinien.[36] Vor allem die Vermeidung eines Fremdkapitalanstiegs durch Beanspruchung von Darlehen ist ein großer Anreiz für Unternehmen zur Investition durch Leasing, da hierbei de lege lata einige wichtige Finanzkennzahlen positiv beeinflusst werden.

Primär im Rahmen der aktuell geltenden Regelungen nach Basel II (bzw. III) hat der Anreiz zur Verbesserung der Eigenkapitalquote als wesentliche Finanzkennzahl eine große Bedeutung für Unternehmen. Demnach erfolgen die Kreditvergabe und die Gestaltung der daran gekoppelten Konditionen von Banken anhand eines meist extern durchgeführten Ratings der Kreditnehmer (siehe Abb.4).

---

[35] (Welt der BWL, 2016)
[36] (BDL, 2016(c))

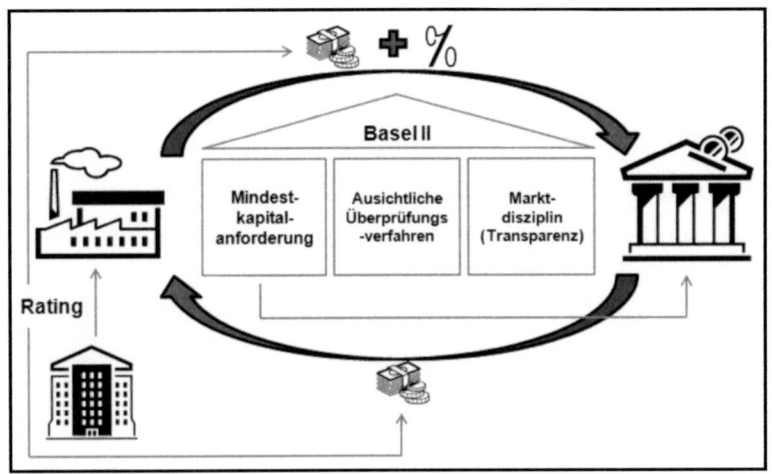

Abb. 4: Basel II im Rahmen der Außenfinanzierung von Unternehmen[37]

Dies bedeutet für Unternehmen, dass das eigene Rating durch eine höhere Eigenkapitalquote verbessert werden kann, wodurch folglich die Vergabe von Krediten und daran gekoppelte Zinskonditionen ebenfalls vorteilhafter ausfallen (siehe Abb.5).

Rating	Eigenkapitalunterlegung in %
AAA bis AA -	1,6 %
A+ bis A -	4,0 %
BBB+ bis BB -	8,0 %
B+ und schlechter	12,0 %

Abb. 5: Risikogewichte für Großunternehmen[38]

Aus der Tabelle wird deutlich, dass Unternehmen mit einem positiven Rating, im Sinne einer Ausfallwahrscheinlichkeit von Zahlungsverpflichtungen gegen 0%, niedrigeren Anforderungen an die Eigenkapitalunterlegung unterliegen sowie weitaus günstigere Konditionen bei der Fremdfinanzierung realisieren, als Unternehmen mit schlechtem Rating. Im Zuge der Finanzkrise im Jahr 2008 wurden diese Regelungen erneut überarbeitet, woraus das Rahmenkonzept von Basel III entstand.

---

[37] Basierend auf Ausführung von (Deloitte, 2005 S. 329 ff.)
[38] (Deloitte, 2005 S. 332)

Dieses wurde von allen G20-Staaten beim Seoul-Gipfel abgesegnet, wodurch sich die Staaten mit der nationalen Implementierung der Neuerungen bis spätestens Ende 2012 verpflichteten.[39] Die Veränderungen bewirken vor allem strengere bzw. risikoadäquatere Anforderungen an die Eigenkapitalbasis von Kreditinstituten, die zur Risikodeckung dient.[40] Die Beeinflussung der Eigenkapitalquote und deren Folgen im Rahmen der Leasingbilanzierung nach IFRS 16 werden in Kapitel 3.2.4.1 behandelt.

Der Umfang der Bedeutung der Leasingthematik im europäischen Wirtschaftsraum wird bei einer Untersuchung aktueller Statistiken und Datenerhebungen deutlich, die regelmäßig von der Leaseurope veröffentlicht werden. Bei der Leaseurope handelt es sich um den europäischen Dachverband nationaler Leasing-Verbände, der sich aus über 44 Mitgliedsverbänden aus 33 Ländern zusammensetzt, die rund 90% des europäischen Marktanteils repräsentieren. Der europäische Leasingmarkt besitzt dabei mit einem weltweiten Anteil am Gesamtleasingvolumen von 40% eine zentrale Rolle [41], wobei sich die fünf größten Leasingmärkte in Europa wie folgt aufteilen (siehe Abb.6):

---

[39] (Deutsche Bundesbank, 2016)
[40] (Klauck, et al., 2012 S. 57 ff.)
[41] (BDL, 2016(a))

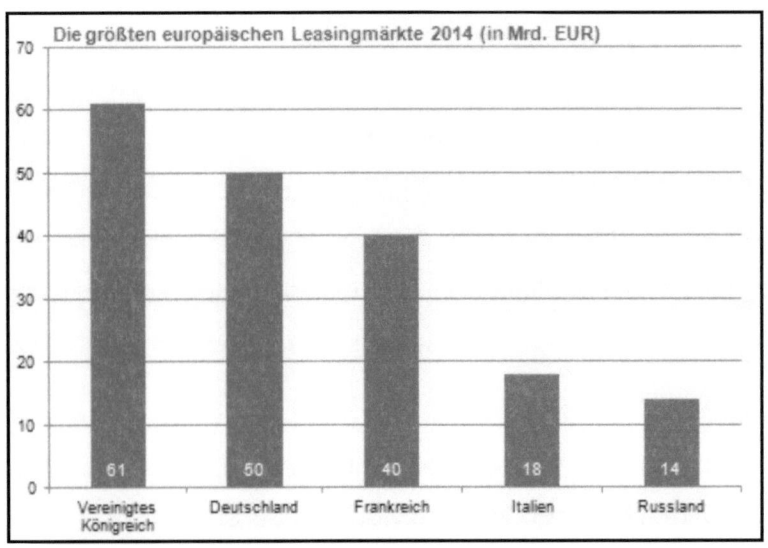

Abb. 6: Die fünf größten Leasingmärkte in Europa 2014[42]

Deutschland, mit einem Anteil von ca. 18% am europäischen Gesamtvolumen, gehört neben dem Vereinigten Königreich zu den größten Leasingmärkten des Kontinents.[43] Der BDL (Bundesverband Deutscher Leasingnehmer) berichtet, dass über ein Fünftel aller Ausrüstungsinvestitionen in Deutschland durch Leasingverträge abgeschlossen werden.[44] Zudem ist seit 2009 der Anteil der Leasinginvestitionen im Verhältnis zu den gesamtwirtschaftlichen Investitionen u.a. in Deutschland überproportional gestiegen.[45]

Da die kritische Analyse der Auswirkung bilanzieller Ansätze von Leasingverträgen auf den Jahresabschluss am Beispiel der Luftfahrtindustrie integraler Bestandteil der Untersuchung ist, soll an dieser Stelle die vom BDL angegebene durchschnittliche Leasingquote für den deutschen Markt der Leasingquoten für die von Leasing betroffenen relevanten Sachanlageklassen der Lufthansa AG, als größte europäische Fluggesellschaft, gegenübergestellt werden. Hierfür wird der Konzernabschluss der Gesellschaft für das Geschäftsjahr 2014 herangezogen. Beachtet werden hierbei de lege lata lediglich

---

[42] Basierend auf Ausführung von (BDL, 2014)
[43] Gemessen am Volumen der Ausrüstungsinvestitionen, die im Rahmen von Leasingverträgen abgeschlossen wurden.
[44] (BDL, 2014)
[45] (Eckl, et al., 2016(a) S. 661)

Vermögenswerte aus Finanzierungsleasings, deren Buchwert ins Verhältnis zum Buchwert gleicher Sachanlageklassen nicht geleaster Vermögenswerte gesetzt wird. Daraus errechnet sich eine Quote von rund 2,65%[46] für Flugzeuge und Reservetriebwerke. Auch hieraus wird die bereits angesprochene Problematik der Informationsverzerrung in Jahresabschlüssen sichtbar, da die aus der Konzernbilanz berechneten Quoten weit unter dem tatsächlichen marktüblichen Durchschnitt liegen.

Ebenfalls beachtlich ist der Anstieg des Leasingvolumens im europäischen Wirtschaftsraum in den vergangenen Jahren (siehe Abb.7):

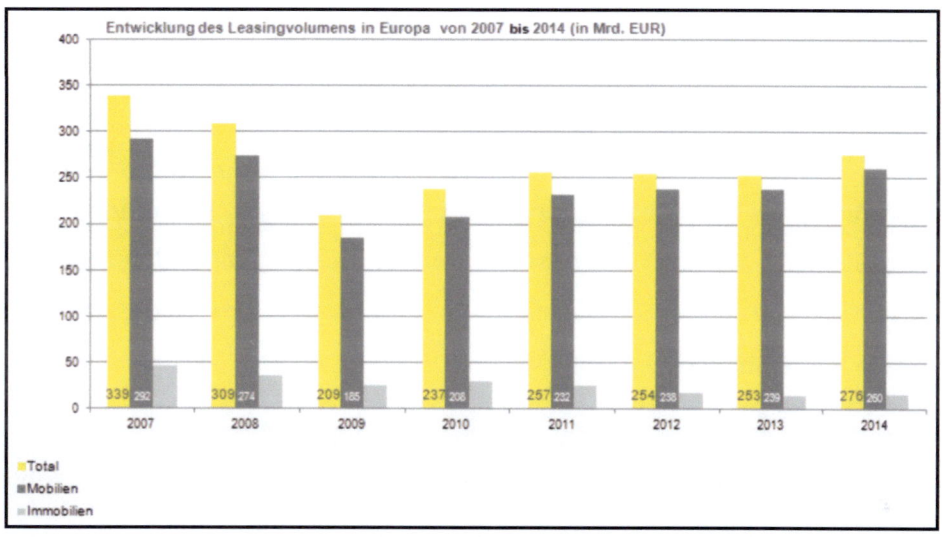

Abb. 7: Entwicklung des Leasingvolumens in Europa von 2007 bis 2014[47]

Das Schaubild zeigt hierbei die Veränderung der im Rahmen von Leasing getätigten Investitionen unterteilt nach Mobilien und Immobilien. Der Begriff Mobilien bezeichnet in diesem Zusammenhang alle beweglichen Güter, die nicht den Immobilien oder Teilen einer Immobilie zuzuordnen sind.[48] Mobilien machen den Großteil am Gesamtvolumen der Leasinginvestitionen aus, bei denen es sich hauptsächlich um Investitionsgüter unter 50.000 EUR wie bspw. Fahrzeuge, EDV- und Büromaschinen oder Einrichtungen handelt.[49]

---

[46] Berechnung siehe Anhang 1
[47] Basierend auf Daten von (Leaseurope, 2016 pp. „Annual Survey" 2007 – 2014)
[48] (Wirtschaftslexikon, 2016)
[49] (Kratzer, et al., 2002 S. 20)

Der drastische Rückgang des Leasingvolumens im Jahr 2009 um über 32% resultiert aus den Folgen der Wirtschaftskrise, die ihren Ursprung in Amerika aufgrund der sog. „Subprime-Krise" besitzt. Hierbei handelte es sich um die künstlich erzeugte Nachfrage am amerikanischen Immobilienmarkt im frühen 21. Jahrhundert durch Vergabe von hohen Kreditvolumina an Kunden mit schlechter Bonität. Das damals vorherrschende Niedrigzinsniveau in Verbindung mit dem drastischen Anstieg der Immobilienpreise sorgte für eine Blasenbildung, wodurch letztlich durch Eintritt von Zahlungsausfällen aufgrund steigender Leitzinsen die Finanzkrise ausgelöst wurde.[50] Da ebenfalls europäische Banken hohe Mengen an „toxischen Papieren" besaßen[51], waren die Auswirkungen in der gesamten Weltwirtschaft spürbar, so u.a. in der staatlichen Rettung nationaler Kreditinstitute. Durch die daraus resultierende Rezession im Rahmen sinkender Konsumausgaben privater Haushalte, hoher Arbeitslosenquoten sowie starker Rückgänge von Investitionen in der Eurozone[52] sahen sich viele Unternehmen gezwungen, Sondermaßnahmen zu ergreifen, um weiterhin im Wettbewerb bestehen zu können.

Hierbei ist im Rahmen der Studie die Entwicklung der Sale-and-Leaseback Transaktionen erwähnenswert. Da durch den 2008 ausgelösten Konjunktureinbruch viele Unternehmen in Zahlungsnot gerieten und liquide Mittel sanken, stellte SLB (siehe Kapitel 1.1.1) eine attraktive Möglichkeit dar, den Cashflow zu steigern, indem hierbei vor allem Immobilien hierbei im Fokus standen. Abb. 8 zeigt eine Übersicht des SLB Volumens in Europa nach der Finanzkrise gemessen am Gesamtvolumen der Immobilien-Transaktionen.

---

[50] (Frick, 2009 S. 8 ff.)
[51] (Pfingsten, 2012 S. 68 ff.)
[52] (Frick, 2009 S. 77 ff.)

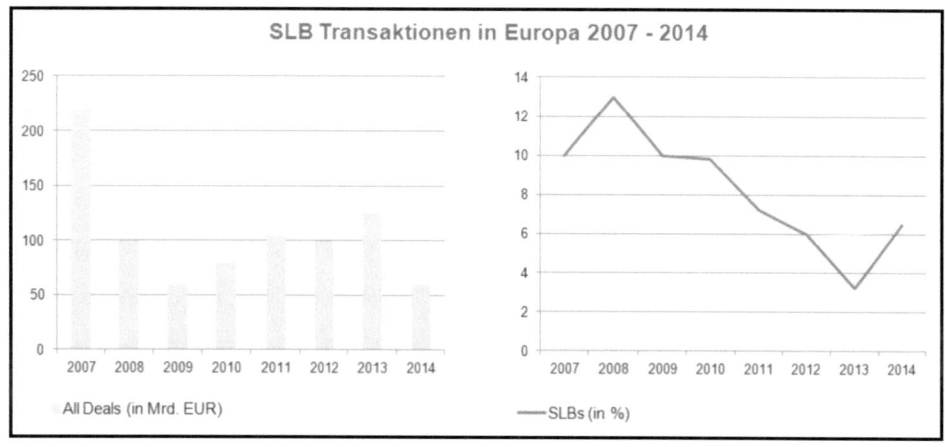

Abb. 8: SLB Transaktionen in Europa 2007 – 2014[53]

Entgegen der Erwartung eines weiteren Anstiegs verlief die Quote von SLB-Transaktionen nach dem Ausbruch der Finanzkrise rückläufig. Hierbei wurde eventuell großes Potenzial nicht ausgeschöpft, da der Grundbesitz von Unternehmen in Europa 22-mal höher als das Investitionsvolumen in Immobilien war (Stand 2012).[54] Die Trendwende in 2014 erfolgte durch die Ausschöpfung genau dieses bisher ungenutzten Potenzials. Vor allem im Bereich der Büroimmobilien stiegen SLB-Transaktionen seit 2012 drastisch an und 2014 machten sie über 63% des Gesamtvolumens aus. Hierbei zählen Deutschland, das Vereinigte Königreich und Frankreich bis heute im Rahmen liquider Märkte zum Hauptteil dieses SLB-Sektors.[55]

Neben den wirtschaftlichen Rahmenbedingungen wird im folgenden Kapitel das rechtliche Fundament der Thematik der Untersuchung erläutert.

---

[53] (Colliers International, 2015)
[54] (Colliers International, 2012)
[55] (Colliers International, 2015)

2.2 Rechtliche Rahmendaten

Im Zuge der Globalisierung spielte in den letzten Dekaden die Entwicklung bzw. Integration einer international gültigen Vorschrift zur einheitlichen Rechnungslegung von kapitalmarktorientierten Unternehmen der EU eine zentrale Rolle. Als europaweit anerkannte Vorschriften zur homogenen Bilanzierung dienen hierbei die bereits in Kapitel 1.1.2 beschriebenen IAS/IFRS. Im Zuge der Anwendungsintegration der Vorschriften wurde durch eine Initiative der EU der sog. Financial Services Action Plan (FSAP) entwickelt[56], dessen Bestreben es ist, die europäischen Finanzmärkte stärker zusammenzuführen und zu betreuen.[57] Im Rahmen des FSAP stellt die sog. IAS-Verordnung[58] die wohl wichtigste Maßnahme dar, durch die kapitalmarktorientierte Unternehmen innerhalb der EU seit dem 01.01.2005 dazu verpflichtet sind, ihre Konzernabschlüsse anhand der IFRS zu erstellen.[59] Als kapitalmarktorientiert gilt in diesem Zusammenhang eine Unternehmung, „wenn sie einen organisierten Markt […] durch von ihr ausgegebene Wertpapiere […] in Anspruch nimmt oder die Zulassung solcher Wertpapiere zum Handel an einem organisierten Markt beantragt hat."[60] Determinierend wirkt sich hierbei der Begriff des geregelten Marktes[61] aus, der nicht jeden öffentlichen Handel von Wertpapieren im Sinne der IAS-Verordnung beinhaltet.[62]

Aktuell haben sich über 31 Staaten verpflichtet, EU-Richtlinien und somit die enthaltene IAS-Verordnung zu befolgen. Darin enthalten sind Island, Norwegen und Liechtenstein, die lediglich dem Europäischen Wirtschaftsraum (EWR) nicht aber der EU angehören.[63] Weltweit wird in über 118 Rechtskreisen börsennotierter Unternehmen sowie in 112 Rechtskreisen nicht börsennotierter Unternehmen die Bilanzierung nach IFRS gestattet bzw. auferlegt.[64] Anhand dieser Zahlen wird deutlich, wie

---

[56] (Bogajewskaja, 2007 S. 1)
[57] (International Monetary Fund, 2016)
[58] (Europäische Union, 2002) i.V.m. (Europäische Union, 2003)
[59] (Bogajewskaja, 2007 S. 2)
[60] § 264d HGB
[61] (Europäische Kommission, 2016 S. Art.4 Abs.1 Z14)
[62] (Grünberger, 2015 S. 5)
[63] (Deloitte, 2016(g))
[64] (Deloitte, 2016(a))

signifikant Veränderungen der IFRS im Rahmen des Erlasses neuer bzw. überarbeiteter Standards die weltweite Wirtschaft beeinflussen können.

So stellen sich ebenfalls im Rahmen des kürzlich stattgefundenen „Brexit-Referendums" vom 23. Juni 2016 einige Fragen hinsichtlich der Auswirkungen bzgl. des Austritts Großbritanniens aus der EU auf die internationalen Rechnungslegungsvorschriften. Einerseits bedarf es der Berücksichtigung von Themen zu sich bereits in Anwendung befindlichen Standards wie dem möglichen wesentlichen Wertminderungsbedarf nach IAS 36 sowie der Anpassung von Angaben der Risikoberichterstattung nach IFRS 7 aufgrund volatiler Märkte und sich verändernder Bedingungen des Marktumfelds.[65] Andererseits ergeben sich Fragestellungen im Rahmen veröffentlichter aber noch nicht in Anwendung befindlicher Standards, wie dem IFRS 16. Hierbei besteht u.a. die Möglichkeit einer kurzfristig divergenten Bilanzierung von Leasingverträgen nach zwei verschiedenen Vorschriften (IAS 17 und IFRS 16) in Großbritannien. Dies resultiert aus dem aktuellen Stand des Komitologieverfahrens des Standards, auf den im Folgenden noch ausführlicher eingegangen wird. Da gemäß des aktuellen Endorsement-Status der European Financial Reporting Advisory Group (EFRAG) der Standard noch nicht gebilligt wurde[66], können Unternehmen der EU ergo noch nicht nach diesem bilanzieren. Durch die erlangte Unabhängigkeit Großbritanniens von der EU wäre es jedoch für das Vereinigte Königreich möglich, IFRS 16 früher als EU-Mitgliedstaaten anzuwenden. Ob sich dies jedoch in der praktischen Umsetzung bewahrheitet, bleibt abzuwarten.

In Deutschland, als einem der einflussreichsten EU-Mitgliedstaaten, ist die IAS-Verordnung im Handelsgesetz in §§ 315a und 325 Abs. 2a verankert.[67] Erwähnenswert ist dabei die in § 315a HGB beschriebene Befreiung der von der EU-Verordnung betroffenen Unternehmen von der Erstellung eines handelsrechtlichen Konzernabschlusses sowie dem in § 315a Abs.3 HGB eingeräumten Wahlrechts, das ebenfalls nicht-kapitalmarktorientierten Unternehmen den Konzernabschluss nach

---

[65] (pwc, 2016)
[66] (EFRAG, 2016)
[67] (Buschhüter, et al., 2011 S. 11)

IAS/IFRS erlaubt.[68] Im folgenden Schaubild wird eine Übersicht des Anwendungsbereichs der IAS/IFRS in Deutschland dargeboten.

Abb. 9: Anwendungsbereich der IFRS in Deutschland gem. EU-Verordnung[69]

Hieraus geht hervor, dass nach nationalem Handelsrecht alle kapitalmarktorientierten Unternehmen gem. der IAS- Verordnung (EG) Nr. 1606/2002 dazu verpflichtet sind, ihre Konzernabschlüsse nach dem IFRS-Regelwerk aufzustellen, während für sämtliche nicht-kapitalmarktorientierte Unternehmen ein Wahlrecht zur Aufstellung ihres Konzernabschlusses nach IFRS besteht. Hierzu zählen u.a. offene Handelsgesellschaften und Kommanditgesellschaften[70], bestimmte Kreditinstitute[71] sowie Personenhandelsgesellschaften[72]. Des Weiteren dürfen deutsche Unternehmen für Offenlegungszwecke ihren Einzelabschluss nach deutschem Handelsgesetz und zusätzlich nach IFRS erstellen. Ein alleiniger Einzelabschluss nach internationalen Standards ist hierbei nicht zulässig.[73] Die Anwendungswahlrechte stellen vor allem für KMU Erleichterungen dar, die oftmals überhaupt nicht oder nur marginal von der Aufstellung ihrer Jahresabschlüsse nach IFRS auf

---

[68] (Pellens, et al., 2008 S. 49)
[69] (Pellens, et al., 2008 S. 50)
[70] § 264a HGB
[71] § 340l HGB
[72] § 9 PublG
[73] (RBS IFRS-Portal, 2016)

den internationalen Finanzmärkten profitieren und daher aus kostenbedingten Gründen die Anwendung verweigern.[74]

Die Entwicklung bzw. Bewilligung der internationalen Standards erfolgt durch das IASB, das als zentrales Organ der IFRS Foundation agiert.[75] Die IFRS Foundation dient hierbei als Trägerorganisation sämtlicher an der Entwicklung der IFRS beteiligten Expertengremien[76] und tritt als unabhängige Stiftung[77] auf, die 2001 aus der Umstrukturierung der IASC gegründet wurde.[78] Die Struktur der Organisation stellt sich dabei wie folgt dar (siehe Abb.10):

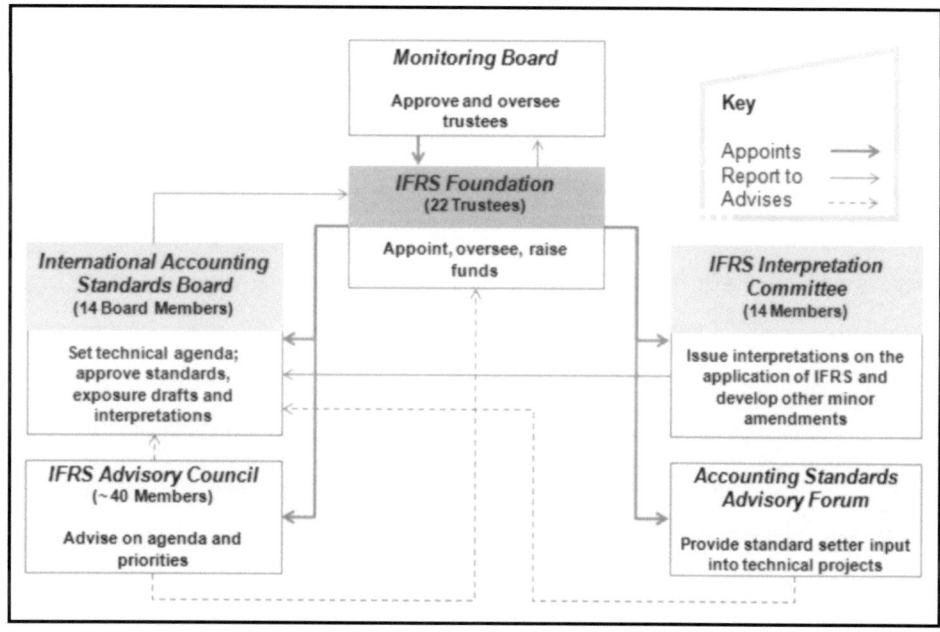

Abb. 10: Struktur des Standard-Setters IASB[79]

Geschäftsführer der Foundation ist der Chairman des IASB, aktuell Herr Hans Hoogervorst.[80] Die Stiftung wird von 22 Treuhändern geführt, die vom sog. Monitoring Board ernannt und beaufsichtigt werden. Das Monitoring Board dient zusätzlich als Schnittstelle zwischen öffentlichen Institutionen und der Foundation und bietet somit auch Politikern

---

[74] (Vinken, 2011 S. 4)
[75] (Buschhüter, et al., 2011 S. 38 ff.)
[76] (Gabler Wirtschaftslexikon, 2016)
[77] (IASB, 2016(c))
[78] (Hayn, 2008 S. 3)
[79] (Deloitte, 2016(j))
[80] (IASB, 2016(d))

verstärkte Einflussnahme auf das IASB. Alle Prozesse zur Standardernennung werden entweder den Treuhändern oder dem Chairman des IASB berichtet. Das IASB besteht aus Mitgliedern verschiedener beruflicher Hintergründe, wie z.B. Hochschullehrer, Abschlussadressaten sowie Wirtschaftsprüfer, [81] wobei oftmals die Besetzung durch Wirtschaftsprüfer und deren enge Beziehungen zu nationalen Standard-Settern kritisch zu betrachten ist. Zur Klärung unbeantworteter bzw. offener Fragen bzgl. der vorhandenen IAS/IFRS entwickelt das IFRS Interpretation Committee regelmäßig Interpretationstexte (SIC und IFRIC), die als Ergänzungen der jeweiligen Standards dienen.[82]

Die Veröffentlichung bzw. Überarbeitung von Standards erfolgt durch das IASB stets in Verbindung mit der Europäischen Union (EU). Der Prozess beginnt hierbei mit der Festlegung eines Standards im Rahmen eines transparenten Prozesses, durch Veröffentlichung eines Diskussionspapiers sowie der Entwicklung eines Entwurfs (des sog. Exposure Draft).[83] Dieser Entwurf wird anschließend mit einer bestimmten Frist zur Kommentierung freigegeben. Die Kommentare und Anmerkungen fließen folglich in die finale Version ein, die eine Mehrheit von mindestens 9 der 14 IASB Mitglieder zur Beschlussfassung erfordert. Parallel dazu wird das Board entlang des gesamten Prozesses von Experten des Standards Advisory Council beraten.[84]

Um die Anerkennung von Vorschriften des privatrechtlichen Gremiums auf EU-Ebene zu gewährleisten, stehen sämtliche Standards unter Vorbehalt der Anerkennung (Endorsement) durch EU-Organe im Rahmen eines sog. Komitologieverfahrens. In diesem rund einjährigen Prozess durchläuft ein neuer Standard bis zu seiner Kommissionsverordnung im Amtsblatt verschiedene Instanzen der Europäischen Union. Als Instanzen sind hierbei die EU-Kommission, die European Financial Reporting Advisory Group (EFRAG), die Standards Advice Review Group (SARG), das

---

[81] (Kirsch, 2016(a) S. 4 ff.)
[82] (Ruhnke, et al., 2012 S. 129)
[83] (Kirsch, 2016(a) S. 6)
[84] (Grünberger, 2015 S. 2)

Accounting Regulatory Committee (ARC) sowie das Europäische Parlament und der Rat der Wirtschafts- und Finanzminister zu nennen[85], die wie folgt in den Verabschiedungsprozess eingebunden sind:

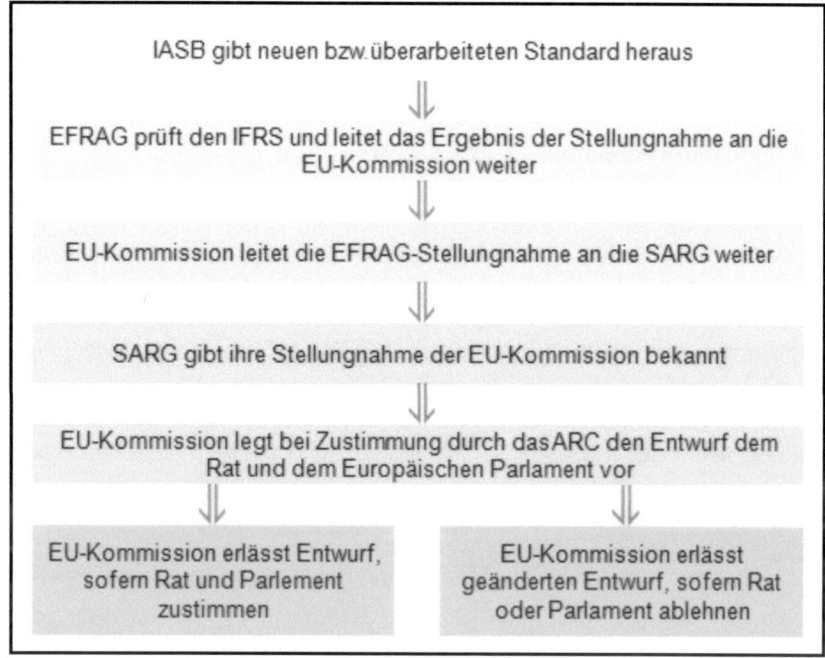

Abb. 11: Komitologieverfahren im Überblick[86]

Eine weitere wesentliche Aufgabe des IASB bzw. IFRIC besteht in der Kommunikation mit nationalen Standard-Settern.[87] Als deutscher Standard-Setter ist hierbei das 1998 gegründete Deutsche Rechnungslegungs Standards Committee (DRSC)[88] zu nennen, das als privates Rechnungslegungsgremium durch das Bundesministerium der Justiz (BMJ) anerkannt wurde. Die Hauptaufgaben des DRSC sind:

- Entwicklung von Grundsätzen der Konzernrechnungslegung (DRS)
- Beratung auf national und internationaler Ebene bei Gesetzgebungsvorhaben zu Rechnungslegungsvorschriften
- Erarbeitung von Interpretationen der IAS/IFRS[89]

---

[85] (Federmann, et al., 2010 S. 13 ff.)
[86] (Ruhnke, et al., 2012 S. 13)
[87] (Buchholz, 2014 S. 5)
[88] § 342 HGB
[89] (DRSC, 2016)

Die allgemeine Gültigkeit sowie der Rechtscharakter der vom DRSC veröffentlichten DRS gelten jedoch bis heute als äußerst umstritten.[90]

Als eines der übergeordneten Hauptbestreben des DRSC gilt die Weiterentwicklung deutscher Rechnungslegungsvorschriften mit Hinblick auf die Harmonisierung an internationale Standards. In diesem Rahmen erfuhr das deutsche Bilanzrecht 2009 die größte Reform seit dem Erlass des Bilanzrichtliniengesetzes 1986 durch die Verkündung des Bilanzmodernisierungsgesetzes (BilMoG).[91] Mit dem Ziel gewisse historische Sachverhalte des Handelsgesetzes zu vereinfachen sowie der stärkeren Ausrichtung nationaler an internationale Rechnungslegungsvorschriften[92], durchlief das BilMoG mehrere Instanzen des deutschen Rechtssystems. So waren an der Verabschiedung u.a. das Bundesministerium der Justiz, Wirtschaftsverbände, Regierungen einzelner Bundesländer, das Bundeskabinett sowie letztlich der Bundesrat und Bundestag beteiligt.[93]

Da im Rahmen dieses Buches die Bilanzierung nach HGB eine untergeordnete Rolle spielt, wird an dieser Stelle nicht tiefer auf die Thematik der deutschen Rechnungslegungsvorschriften eingegangen.

---

[90] (Pellens, et al., 2008 S. 48)
[91] (Vinken, 2011 S. 3)
[92] (Internationaler Controller Verein/Facharbeitskreis Controlling und IFRS, 2009 S. 23 ff.)
[93] (Aigner, 2009 S. 203 ff.)

2.3 Entstehungsprozess und Zielsetzung der Leasingbilanzierung

Mit der finalen Veröffentlichung des IFRS 16 am 13. Januar 2016[94] endete ein knapp zehnjähriges Konvergenzprojekt („joint project") des IASB und FASB zur Überarbeitung des bereits 1982 verabschiedeten IAS 17.[95]

Anhand des Entstehungsprozesses des neuen Standards lässt sich die Komplexität der Leasingthematik und deren Auswirkungen auf die Jahresabschlüsse verschiedener davon betroffener Unternehmen und Branchen erahnen. Abb. 12 veranschaulicht hierbei die Entwicklungshistorie des langjährigen Projekts des IASB.

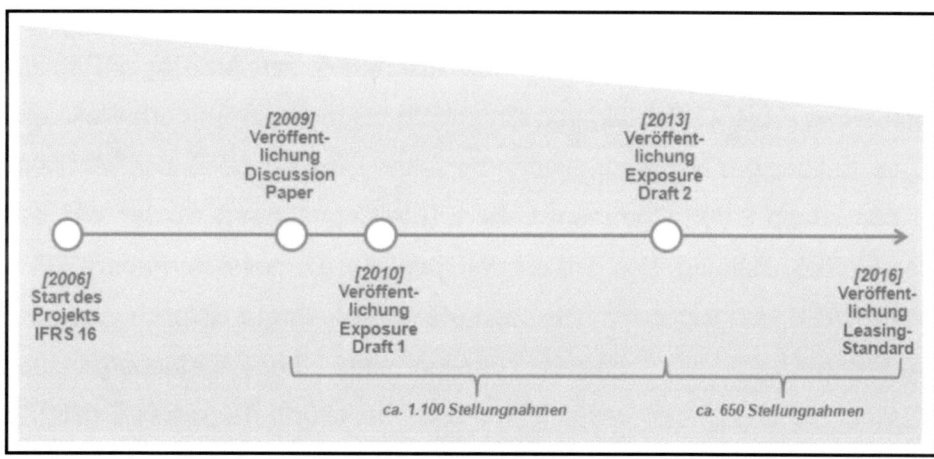

Abb. 12: Meilensteine des Entstehungsprozesses des IFRS 16[96]

Bereits im Jahr 2006 wurde die Überarbeitung des Leasingstandards in die Agenda des IASB und der daran beteiligten Gremien aufgenommen. Als Initiator gilt wie bereits in der Einleitung erwähnt der damalige Chairman des IASB, Sir David Tweedie, dessen Hauptbestreben es war, durch die Reformierung sämtliche Leasingverhältnisse in der Bilanz eines jeden Leasingnehmers auszuweisen.[97] Der Weg zu diesem Ziel erwies sich jedoch aufgrund der Sensitivität der Thematik als umfangreicher als ursprünglich angenommen, wodurch man nach Veröffentlichung des

---

[94] (Gruber, et al., 2016 (a) S. 46)
[95] (Eckl, et al., 2016(a) S. 661)
[96] (Piesbergen, et al., 2015 S. 834)
[97] (Tesche, et al., 2016 S. 561)

Discussion Papers noch von einer Publikation des finalen Standards im Jahr 2011 und dessen zwölf Monate später stattfindenden Anwendung ausging.[98]

Erste Überlegungen zu einer Reformierung der Leasingbilanzierung gehen aus dem sog. McGregor-Papier[99] von 1996 hervor, das vom gleichnamigen Hauptautor, dem Australier Warren McGregor, verfasst wurde. Das Papier gilt trotz der seiner Zeit stark vorherrschenden Ablehnung durch Lobbyisten[100], als Grundstein sämtlicher zukünftiger Überlegungen des IASB v.a. hinsichtlich der Einführung des sog. „Right-of-Use"-Ansatzes (siehe Kapitel 3.2.1). Mehrere grundlegende Ansätze des Papieres flossen dabei in die weitere Entwicklung des Standards ein bzw. wurden in diesem übernommen.[101]

Ähnlich der damals vorherrschenden Ablehnung des McGregor Papiers wurde das Projekt zukünftig von einer nicht milder ausfallenden „Welle der Kritik" seitens der Hauptadressaten begleitet. Dies spiegelte sich vor allem in den knapp 2.000 Comment Letters (Stellungnahmen) wieder, die seit der Veröffentlichung des Diskussionspapiers (Discussion Paper) 2009 beim IASB eingingen.[102] Die scharfe Kritik sorgte folglich vor der Verabschiedung der finalen Version des Leasingstandards zur Veröffentlichung zweier vorläufiger Standardentwürfe (Exposure Drafts) in den Jahren 2010 und 2013, die jeweils kurz nach ihrem Erscheinungstermin ebenfalls für kontroverse Diskussionen in Fachkreisen sorgten.[103]

Hierbei stand das Ziel die signifikantesten Kritikpunkte der eingegangenen Stellungnahmen in die zukünftige Entwicklung des Standards einzubeziehen und dadurch ein zufriedenstellendes Ergebnis zu gewährleisten, stets im Fokus des IASB. Das generelle Ziel einer erfolgreichen Bilanzierung beschreibt das Institut der Wirtschaftsprüfer

---

[98] (Henneberger, 2009)
[99] G4+1 Gruppe (ehemalig IASC); „Accounting for Leases: A New Approach –
Recognition by Lessees of Assets and Liabilities Arising under Lease Contracts"
[100] (Philippen, 2012 S. 26 ff.)
[101] (Sabel, 2006 S. 104)
[102] (Eckl, et al., 2016(a) S. 662)
[103] (Pellens, et al., 2014 S. 693)

(IDW) durch die substanzielle Verbesserung von Jahresabschlüssen, im Sinne einer erhöhten Aussagekraft des Zahlenwerks, sodass Adressaten der Abschlüsse für ihre Beurteilungen und Analysen keine weiteren Anpassungen der vorliegenden Beträge hinsichtlich zukünftiger Entscheidungen vornehmen müssen.[104] Auffällig in diesem Zusammenhang ist die Zielsetzung des IAS 17, die gegenüber der allgemeinen Zielsetzung der Bilanzierung gem. des IDW sehr vage formuliert ist. Hierbei steht die Vermittlung sachgerechter Rechnungslegungsmethoden und Angabepflichten im Vordergrund[105], wobei der Begriff sachgerecht nicht explizit mit einer erhöhten Aussagekraft verbunden sein muss.

Basierend auf der allgemeinen Zielsetzung der Bilanzierung ging man bei der Erstellung des ED 2013/6 u.a. auf die zuvor kritisierte hohe Komplexität und daraus resultierende Kostenintensität für Unternehmen des ED/2010/9 ein, indem man u.a. die Bewertung des Right-of-use-Konzepts (ROU) sowie die Definition und Identifizierung von Leasingverhältnissen nochmals überarbeitete.[106]

Daraus resultierte die im nachfolgenden Standardentwurf eingeführte Unterscheidung von Leasingverhältnisse in Typ A und Typ B. Die Unterscheidung ergab sich hierbei aus dem divergent verlaufenden zukünftig erwarteten Verbrauch des Nutzenpotenzials des Leasingobjekts, woraus ebenfalls unterschiedliche Ansätze für die Bilanzierung und Erfolgswirksamkeit in der GuV je nach Typisierung resultierten. Die erhoffte Komplexitätsreduktion und Stringenz innerhalb der Bilanzierungsvorschriften von Leasingverhältnissen war daher nach dem zweiten Standardentwurf noch immer nicht gegeben[107], was folglich zu einer weiteren Welle kritischer Stellungnahmen der Adressaten, u.a. des DRSC[108], führte.

---

[104] (IDW, 2015)
[105] (IASB, 1982 S. IAS 17.1)
[106] (IASB, 2011 S. Redeliberations zu ED/2010/9)
[107] (Pellens, et al., 2014 S. 694 ff.)
[108] (Haufe, 2013)

Dies bewirkte anschließend die Abschaffung der Typisierung von Leasingobjekten sowie die Beibehaltung der ursprünglich angestrebten Regelung des Ansatzes aller Leasingverhältnisse in der Bilanz der Leasingnehmer.[109] Letztlich wurde am 13. Januar 2016 der finale Standard veröffentlicht, der in den nachfolgenden Kapiteln hinsichtlich der durch ihn angestrebten Ziele kritisch analysiert wird.

---

[109] Ausnahme siehe Kapitel 3.2.1

3. Analyse von Leasingverträgen nach IAS 17 und IFRS 16 in Theorie und Praxis

Dieses Kapitel stellt zunächst das theoretische Fundament der kritischen Analyse der Leasingbilanzierung im Rahmen des alten Standards IAS 17 sowie der neuveröffentlichten Vorschriften gem. IFRS 16 dar. Die dabei ausgearbeiteten zentralen Kritikpunkte sowie die Auswirkungen der jeweiligen Rechnungslegungsvorschriften auf Jahresabschlüsse werden anschließend anhand einer Fallstudie praktisch veranschaulicht. Alle Abschnitte durchlaufen dabei stets einer fundierten Auseinandersetzung bzgl. der jeweiligen Praktikabilität der Regelungen sowie deren Beitrag zu einer zielorientierten Bilanzierung von Leasingverhältnissen.

3.1 Theoretische Analyse von Leasingverträgen nach IAS 17

Der International Accounting Standard 17 regelt allgemein sämtliche Leasingverhältnisse[110] und wird um die Interpretationen

- IFRIC 4 „Determining Whether an Arrangement contains a Lease",
- IFRIC 12 „Service Concession Arrangements",
- SIC-15 „Operating Leases – Incentives",
- SIC-27 „Evaluating the Substance of Transactions in the Legal Form of a Lease" und
- SIC-32 „Intangible Assets – Web Site Costs"[111]

ergänzt, von denen jedoch im Rahmen der Studie nicht alle eine vertiefende Erläuterung aus Gründen der Relevanz erfahren. Der Aufbau des Standards gestaltet sich dabei wie folgt (siehe Abb.13):

---

[110] (Pellens, et al., 2014 S. 662)
[111] (Lüdenbach, 2014 S. 738) i.V.m. (Federmann, et al., 2014 S. 279)

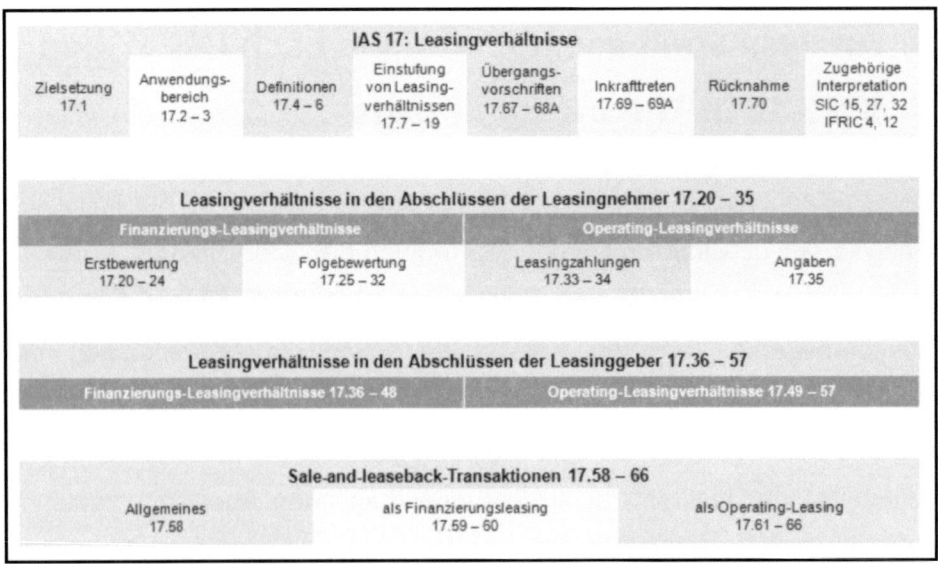

Abb. 13: Aufbau des IAS 17[112]

Der Standard unterteilt sich in vier übergeordnete Themengebiete, ausgehend von den allgemeinen Rahmenbedingungen, über die bilanzielle Behandlung von Leasingverhältnissen seitens der Leasingnehmer und -geber bis zur Regelung von Sale-und-leasback-Transaktionen.[113] Inhaltlich kongruent dazu sind die vorliegenden Kapitel aufgebaut, indem zunächst auf die Klassifizierung bzw. den Anwendungsbereich von Leasingverhältnissen eingegangen wird sowie anschließend auf die daraus resultierenden Bewertungsvorschriften für Leasingnehmer und -geber hinsichtlich Finance- sowie Operate-Leases.

Von den fünf oben aufgeführten Interpretationen, die den Standard ergänzen, besitzen IFRIC 4 sowie SIC-27 den signifikantesten Einfluss auf IAS 17. IFRIC 4 behandelt die Fragestellung, ob eine gewisse Vereinbarung als Leasingverhältnis gilt bzw. eines beinhaltet und dient somit bspw. der Abgrenzung von Leasingverhältnissen und Dienstleistungsverträgen.[114] SIC-27 hingegen behandelt die Identifizierung potenzieller Leasingverhältnisse diametral und untersucht, ob getroffene Leasingvereinbarungen tatsächlich den wirtschaftlichen Charakter

---

[112] i.A.a. (Federmann, et al., 2011 S. 279)
[113] (IASB, 2014)
[114] (IASB, 2016(g))

aufweisen, um als solche geführt zu werden[115] und bezieht sich häufig auf Sale-and-leaseback-Transaktionen.[116] Diese Thematiken werden im späteren Verlauf der Untersuchung erneut im Rahmen einer detaillierten Analyse der Standards aufgegriffen.

3.1.1 Leasingverständnis und -identifizierung

Als ein Leasingverhältnis gilt gem. IAS 17.4 die Übertragung eines Nutzungsrechts an einem Vermögensgegenstand (dem Leasinggegenstand) vom Leasinggeber an den Leasingnehmer, für einen vorher festgelegten Zeitraum, gegen eine Zahlung oder Reihe von Zahlungen. Es spielt hierbei für die Identifizierung des Leasingverhältnisses eine untergeordnete Rolle, wer der rechtliche Eigentümer des Leasinggegenstands ist. Vielmehr ist das Erlangen eines wirtschaftlichen Eigentums für die weitere Behandlung des Leasingverhältnisses ausschlaggebend (all-or-nothing-approach), d.h. welche Partei die mit dem Vertrag verbundenen Risiken und Chancen (risks and rewards approach) übernimmt.[117] Als Risiken gelten in diesem Zusammenhang u.a. Verlustmöglichkeiten aus technischen Überholungen oder ungenutzten Kapazitäten des Leasingobjekts, während Chancen als Gewinn durch den Einsatz des Leasingobjekts sowie dessen Wertsteigerung und Restwert definiert sind.[118]

Generell unterteilt sich die Klassifizierung von Leasingverhältnissen im Rahmen des IAS 17 in zwei Schritte. Im ersten Schritt erfolgt eine Einstufung des Leasingverhältnisses gem. IAS 17.7 – 19, die sich anhand des im Anhang 1 dargebotenen Prüfungsschemas veranschaulichen lässt.[119] Hierbei wird untersucht, ob ein vorhandenes Vertragsverhältnis als Leasingverhältnis eingestuft werden muss oder nicht. Zu beachten sind in diesem Rahmen einige Sonderfälle, die gem. IAS 17.2 vom Anwendungsbereich ausgeschlossen sind:

---

[115] (Lüdenbach, 2014 S. 738)
[116] (Pellens, et al., 2014 S. 662)
[117] (IASB, 2015 S. 210) i.V.m. (Scharenberg, 2009 S. 95)
[118] IAS 17.7
[119] Anhang 2

- Leasingverhältnisse, die sich auf die Entdeckung und Verarbeitung von nicht regenerativen Ressourcen beziehen und somit den Vorschriften des IFRS 6 unterliegen,

- Lizenzvereinbarungen, die gem. den Regelungen von immateriellen Vermögensgegenständen des IAS 38 zu behandeln sind (vgl. IAS 38.3 (c)),

- als Finanzinvestition gehaltene Immobilien gem. IAS 40,

- biologische Vermögenswerte im Rahmen von Finanzierungs- oder Operating-Leases gem. IAS 41[120] sowie

- Vereinbarungen, die Dienstleistungsverhältnisse sind[121],

wobei die Sonderfälle nach IAS 40 und 41 lediglich von den Bewertungsvorschriften des IAS 17 ausgeschlossen sind. In diesem Zusammenhang lässt sich feststellen, dass der Anwendungsbereich des alten Standards weitestgehend konform mit dem des IFRS 16 ist.[122]

Der zweite Schritt im Rahmen der Klassifizierung von Leasingverhältnissen stellt einen der Hauptkritikpunkte des alten Standards dar. Hierbei erfolgt anhand des wirtschaftlichen Gehalts des Vertrags eine Einstufung des Leasingverhältnisses in ein Finanzierungs- oder Operating-Leasing.[123] Diese bisher als unerlässlich geltende Klassifizierung basierte auf der gedanklichen Differenzierung des wirtschaftlichen Gehalts von Leasingverhältnissen, indem unterstellt wird, dass dieser entweder den Charakter von Ratenkaufverträgen (Finanzierungs-Leasing) oder aber von klassischen Mietverträgen (Operating-Leasing) annehmen kann[124], wonach sich die daraus resultierenden Bewertungsregelungen richten. Liegt der wirtschaftliche Gehalt im Sinne der mit dem Vertrag verbundenen Chancen und Risiken beim Leasingnehmer spricht man von Finanzierungs-Leasing, während es sich diametral beim Operating-Leasing verhält.[125]

---

[120] (Buschhüter, et al., 2011 S. 484)
[121] (Bohl, 2013 S. 919)
[122] Ausnahmen in IFRS 16 erweitert um Lizenzen geistigen Eigentums durch Leasinggeber im Rahmen des IFRS 15 (siehe Kapitel 3.2.1)
[123] (Pellens, et al., 2014 S. 660)
[124] (Kirsch, 2013 S. 60)
[125] (Buchholz, 2014 S. 59)

In diesem Rahmen sind vor allem zwei Faktoren als kritisch zu betrachten: Einerseits die äußerst vage bzw. unzureichende Abgrenzung des IAS 17 von Operating- gegenüber Finanzierungsleasingverhältnissen, andererseits die damit einhergehenden stark voneinander abweichenden Bilanzierungs- und Bewertungsvorschriften der beiden Ansätze. Hierbei versuchen IAS 17.10 – 11 anhand einiger Indikatoren eine eindeutigere Klassifizierung zu ermöglichen, wobei jedoch den auf Erfahrungen basierenden Anwendungsbeispielen ein höherer Aussagegehalt zugesprochen wird, als den im Standard genannten Indikatoren.[126] Dies resultiert v.a. aus vielen unpräzisen Formulierungen der Vorschriften wie beispielweise „deutlich niedriger", „hinreichend sicher", „wesentlich niedriger"[127], woraus sich wohl am drastischsten die aus den unzureichend definierten Abgrenzungskriterien ergebenden Ermessenspielräume in der realen Anwendung widerspiegeln. Im Folgenden veranschaulicht Abb. 14 vereinfacht eine Übersicht der Abgrenzungskriterien der beiden Klassifizierungsansätze, ergänzt um die bereits angesprochenen Erfahrungswerte[128] aus der Praxis.

Klassifizierung Finanzierungs- und Operating-Leasing			
Finanzierungs-Leasing		**Merkmale**	**Operating-Leasing**
Ja	1	Grundmietzeit umfasst überwiegenden Teil (> 75%) der wirtschaftlichen Nutzungsdauer	Nein
Ja	2	Barwert der Mindestleasingraten entspricht im Wesentlichen (> 90%) dem beizulegenden Zeitwert des Leasingobjekts	Nein
Ja	3	Günstige Kaufoption? (d.h. Kaufoptionspreis < beizulegender Zeitwert des Leasingobjekts zum Zeitpunkt der Optionsausübung)	Nein
Ja	4	Automatischer Eigentumsübergang des Leasingobjekts am Ende der Grundmietzeit an Leasingnehmer	Nein
Ja	5	Spezialleasing? (d.h. Ausstattung des Leasingobjekts ist speziell auf Anforderungen des Leasingnehmer zugeschnitten)	Nein

Abb. 14: Abgrenzungskriterien von Finanzierungs- und Operating-Leasingverhältnissen[129]

Aus dem obigen Schaubild wird neben den Indikatoren ebenfalls die Negativdefinition von Operating-Leasingverhältnissen offensichtlich, die sich lediglich aus dem Verneinen aller aufgeführten

---

[126] (Bohl, 2013 S. 927)
[127] IAS 17.10 – 11
[128] Erfahrungswerte gelten hierbei als gedankliche Referenzwerte, die nicht innerhalb der Rechnungslegungsvorschriften explizit verankert sind.
[129] i.A.a. (Buchholz, 2014 S. 59 ff.)

Finanzierungsleasingkriterien ergibt.[130] Da sämtliche in der Abbildung vorhandenen Referenz-Werte ausschließlich Kommentierungen des Standards entnommen wurden und somit nicht in den offiziellen Rechnungslegungsvorschriften verankert sind, lässt sich erahnen, welch große bilanziellen Spielräume sich daraus hinsichtlich der Klassifizierungsansätze ergeben.

Zur Unterstützung des Verständnisses der Abgrenzungsproblematik soll folgendes Beispiel aufgeführt werden:

(1) Leasingvertrag für eine Maschine mit einer Grundmietzeit von drei Jahren; Wirtschaftliche Nutzungsdauer beträgt fünf Jahre; Keine Mietverlängerungsoption

(2) Jährliche Leasingrate von 97 TEUR; Zinssatz Bankkredit 7%; Barwert der Leasingraten beträgt demnach ca. 255 TEUR; Beizulegender Zeitwert der Maschine bei Abschluss des Vertrags beträgt 284 TEUR

(3) Kaufoptionspreis zum Zeitpunkt der Optionsausübung entspricht dem beizulegendem Zeitwert

(4) Kein automatischer Eigentumsübergang am Ende der Laufzeit

(5) Die standardisierte Maschine wird an den Produktionsprozess des LN durch Umbauarbeiten angepasst; Kosten: 9% der Anschaffungskosten[131]

Welchem Klassifizierungsansatz unterliegt die geleaste Maschine aus obigem Beispiel?

Prüfung anhand der Punkte aus Abb. 14:

(1) Die Grundmietzeit beträgt 60% der wirtschaftlichen Nutzungsdauer. Würde man nun die Formulierung „überwiegender Teil" als einen Anteil über 50% definieren, ergäbe sich hieraus die Klassifikation als Finanzierungsleasing. Da jedoch aufgrund einiger Erfahrungswerte ein Anteil erst ab 75% als überwiegend bezeichnet wird, ist dieses Kriterium nicht erfüllt.

---

[130] (Buschhüter, et al., 2011 S. 485)
[131] i.A.a. (Bohl, 2013 S. 937 ff.)

(2) Der Barwert der Mindestleasingzahlungen beträgt 89,6%. Auch hier wird der Ausdruck „im Wesentlichen" gem. IAS 17.10 nicht konkret definiert, wodurch es stark im subjektiven Ermessen der Vertragsparteien liegt, das Kriterium als erfüllt zu betrachten oder nicht.

(3) Der Kaufoptionspreis entspricht exakt dem beizulegenden Zeitwert zum Zeitpunkt der Optionsausübung, wodurch der Kaufoptionspreis nicht „deutlich niedriger" als der beizulegende Zeitwert ist. Fraglich ist jedoch auch hier, ab welchem Anteil des Kaufoptionspreises am beizulegenden Zeitwert dieser als deutlich niedriger eingestuft wird.

(4) Da kein automatischer Eigentumsübergang der Maschine am Laufzeitende an den Leasingnehmer vorgesehen ist, wird dieser Indikator nicht erfüllt.

(5) An der Maschine wurden Umbauten im Auftrag des Leasingnehmers i.H.v. 9% der Anschaffungskosten der Maschine durchgeführt. Um festzustellen, ob es sich folglich um ein Spezialleasing handelt, muss die Beschaffenheit der Maschine überprüft werden. Wurde diese in einem Ausmaß verändert, wodurch sich die Maschine ohne wesentliche Veränderungen von niemandem außer dem Leasingnehmer nutzen lässt, handelt es sich um ein Finanzierungsleasing. Hierbei müsste jedoch erneut festgelegt werden, was genau wesentliche Veränderungen im Einzelfall wären bzw. wie hoch exakt die speziellen Umbaukosten gemessen an den Anschaffungskosten im Rahmen des jeweiligen Klassifizierungsansatzes sein dürfen.[132]

Das Leasingverhältnis müsste folglich als Operate-Leasing klassifiziert werden, da alle Prüfungsindikatoren im Rahmen der oben beschriebenen Schritte i.V.m. den Referenzwerten aus Abb. 14 verneint werden. Anhand des Praxisbeispiels wird deutlich, wie viele Ermessensspielräume die zentrale Klassifizierungsthematik des IAS 17 bietet.

Je nach Klassifizierung des Leasingverhältnisses ergeben sich demnach wie bereits erwähnt, unterschiedliche Bewertungs- bzw.

---

[132] Siehe hierzu (Bohl, 2013 S. 935 ff.)

Bilanzierungsansätze, die sich signifikant auf die Bilanzierung und somit den Jahresabschluss von Leasingnehmern und -gebern auswirken. Eine Übersicht der damit einhergehenden Regelungen bietet das folgende Schaubild.

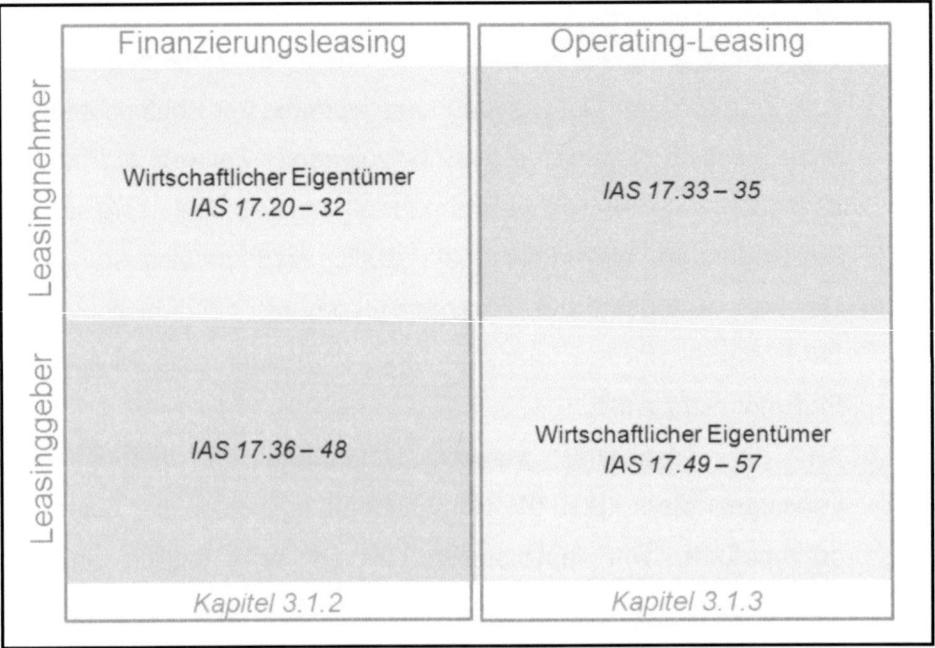

Abb. 15: Bilanzierungsvorschriften des IAS 17 in Abhängigkeit der Klassifizierung des Leasingverhältnisses[133]

In den nachfolgenden Kapiteln wird detailliert im Rahmen einer kritischen Analyse des Standards auf die in Abb. 15 hervorgehobenen Felder eingegangen.

3.1.2 Finanzierungsleasingverhältnisse

3.1.2.1 Ansatz und Erstbewertung

Wurde das Leasingverhältnis anhand der in 3.1.1 genannten Indikatoren als Finanzierungsleasing klassifiziert, so erfolgen der Ansatz sowie die Bewertung analog zu einer kreditfinanzierten Anschaffung.[134] D.h. der

---

[133] (Pellens, et al., 2014 S. 666)
[134] (Pellens, et al., 2014 S. 666)

Leasingnehmer muss zu Beginn des Leasingverhältnisses[135] einerseits das Leasingobjekt als langfristigen Vermögensgegenstand aktivieren (Aktivseite), andererseits eine korrespondierende Verbindlichkeit passivieren (Passivseite)[136], wobei die Höhe der Verbindlichkeit exakt der Höhe des Vermögenswerts entsprechen muss. Der anzusetzende Wert hierbei ergibt sich aus dem niedrigeren Wert von

- dem Barwert der Mindestleasingzahlungen sowie
- dem beizulegenden Zeitwert (Fair Value) des Leasinggegenstands zu Laufzeitbeginn.[137]

Generell wird die Berechnung eines Barwerts herangezogen, wenn es notwendig ist, den heutigen Wert von in der Zukunft liegenden Zahlungen, unter Berücksichtigung einer zugrunde liegenden Verzinsung, zu bestimmen.[138] Die Berechnung erfolgt hierbei durch Diskontierung der anfallenden Leasingzahlungen mit dem im Leasingvertrag vereinbarten Zinssatz oder, sofern dieser nicht explizit vorgegeben ist, mit dem Grenzfremdkapitalzinssatz[139] des Leasingnehmers.[140] Bei diesem Ansatz muss, sofern bekannt, zusätzlich der Barwert des eventuell nicht garantierten Restwerts[141] in Form einer Addition berücksichtigt werden.[142] Im Punkt der Berücksichtigung des garantierten Restwerts treten jedoch Divergenzen in den verschiedenen Fachliteraturen auf. So beschreibt Grünberger bspw., dass bei der Bestimmung des Minimums der oben genannten Werte der Barwert des garantierten Restwerts nicht innerhalb des Barwerts der Mindestleasingzahlungen berücksichtigt werden darf, wohingegen Kirsch und Pellens auch anhand praktischer Beispiele nahe legen, diesen, sofern bekannt, in den Vergleich mit einzubeziehen. Andere Quellen, wie bspw. IFRS-Kommentierungen nach Bohl oder der Standard selbst, gehen auf diese Thematik nicht explizit ein. Sofern keine exakten

---

[135] (IASB, 2015 S. IAS 17.4)
[136] (Buchholz, 2014 S. 60)
[137] (Federmann, et al., 2011 S. 285)
[138] (Gabler Wirtschaftslexikon, 2016(a))
[139] (IASB, 2015 S. IAS 17.4)
[140] (Heuser, et al., 2012 S. Kapitel C, Rz. 1660)
[141] (IASB, 2015 S. IAS 17.4)
[142] (Kirsch, 2016(a) S. 67); Der garantierte Restwert wird nicht bei der Ermittlung eines Minimums im Rahmen der obigen Ansatzermittlung berücksichtigt (Vgl. (Grünberger, 2015 S. 69)

Regelungen zu diesem Sachverhalt existieren, ergäben sich hieraus bedeutsame Ermessensspielräume beim Wertansatz des Leasingverhältnisses, jedoch erscheint in diesem Rahmen die Einbeziehung des Barwertes des garantierten Restwerts, sofern dieser bekannt ist, bei der Ermittlung des Minimums als sinnvoll, da dieser je nach Laufzeit einen signifikanten Anteil am Gesamtbetrag der Verbindlichkeiten darstellen kann.

Der beizulegende Zeitwert repräsentiert den sog. Fair Value der internationalen Rechnungslegungsvorschriften und wird in diesem Kontext gem. IFRS 13 durch Vergleichen, Schätzen oder Beobachten von Marktpreisen identischer Vermögenswerte ermittelt.[143] Beim Ansatz zum beizulegenden Zeitwert des Leasinggegenstands sind zusätzlich anfängliche direkte Kosten[144] hinzuzurechnen.[145]

Der Leasinggeber demgegenüber verfährt spiegelbildlich zum Leasingnehmer bei der Abbildung des Leasingverhältnisses, abgesehen von dazu eventuell divergierenden Beträgen in seiner Bilanz.[146] Da der Leasinggeber beim Finanzierungsleasing nicht länger wirtschaftlicher Eigentümer des Leasingobjekts ist, bucht er den Vermögensgegenstand aus seinen Aktiva aus und bildet simultan dazu eine Forderung an den Leasingnehmer (Aktivtausch).[147] Die Höhe der Forderung entspricht dabei dem Nettoinvestitionswert[148] des Leasingobjekts, d.h. der Summe der Mindestleasingzahlungen zuzüglich dem vom Leasingnehmer nicht garantierten Restwert[149] (= Bruttoinvestitionswert) abzüglich des noch nicht realisierten Finanzertrags (Zinsanteil).[150] Der Nettoinvestitionswert entspricht dabei oftmals dem Fair Value, ergänzt um die anfänglich direkten Kosten des Leasinggegenstands.[151] Die Differenz zwischen Brutto- und Nettoinvestitionswert entspricht somit dem noch nicht realisierten Finanzertrag des Leasinggebers, der sich durch Diskontierung

---

[143] (Ruhnke, et al., 2012 S. 302 ff.)
[144] (IASB, 2015 S. IAS 17.4)
[145] IAS 17.24
[146] (Pellens, et al., 2014 S. 667)
[147] (Buschhüter, et al., 2011 S. 495)
[148] (IASB, 2015 S. IAS 17.4)
[149] (IASB, 2015 S. IAS 17.4)
[150] (Bohl, 2013 S. 946)
[151] (Kirsch, 2013 S. 64)

des Bruttoinvestitionswerts mit dem internen Zinsfuß des Leasinggebers berechnet[152], der so festgelegt ist, dass alle anfänglich direkten Kosten automatisch in den Forderungen enthalten sind.[153] Der nicht garantierte Restwert ist hierüber hinaus regelmäßig in seiner Höhe zu überprüfen, sodass bei einer Minderung folglich der Nettoinvestitionswert angepasst werden muss.[154] Einen Überblick des eben erläuterten Bilanzierungsansatzes und der Erstbewertungsvorschriften des Leasinggebers veranschaulicht nachfolgend Abb.16:

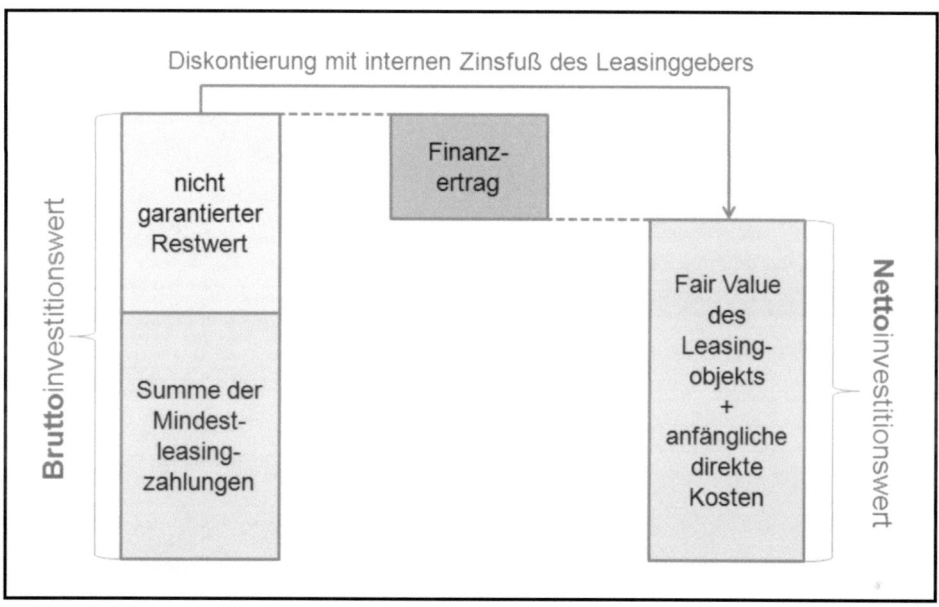

Abb. 16: Erstbewertung des Finanzierungsleasings beim Leasinggeber nach IAS 17.36 – 38[155]

Besonders die Bewertungsvorschriften von Finance-Leases verdeutlichen, wie komplex die Regelungen des aktuellen Standards sind, zumal berücksichtigt werden muss, dass in der Praxis nochmals erhebliche Komplexitätserhöhungen, aufgrund der bereits beschrieben Ermessensspielräume, in Einzelfällen auftreten können. Die Problematik basiert auf der Notwendigkeit der Klassifizierung aller vorhandenen Leasingverträge und der damit einhergehenden umfangreichen und stark

---

[152] (Pellens, et al., 2014 S. 670 ff.)
[153] (IASB, 2015 S. 218)
[154] (Bohl, 2013 S. 946)
[155] Basierend auf Inhalt von (Petersen, et al., 2015 S. 395)

voneinander abweichenden Bewertungsvorschriften, was durch die nachfolgenden Kapitel weiter verdeutlicht wird.

3.1.2.2 Folgebewertung

Im Rahmen der Folgebewertung von Finanzierungsleasingverhältnissen beim Leasingnehmer soll die nachfolgende Abbildung zunächst veranschaulichen, welche Konten der Bilanz sowie Gewinn- und Verlustrechnung im Rahmen der Folgebewertung von Finanzierungsleasings beim Leasingnehmer zu berücksichtigen sind.

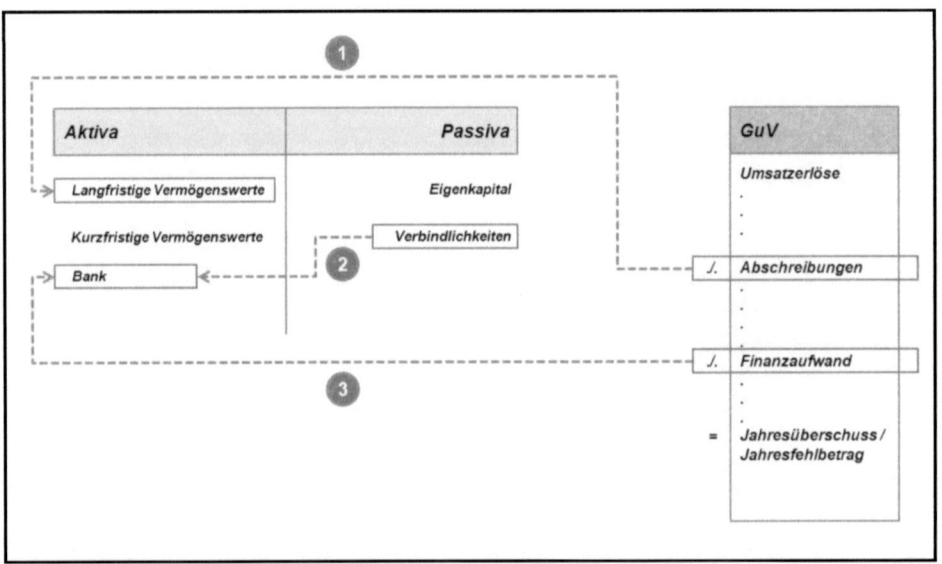

Abb. 17: Folgebewertung eines Finanzierungsleasings beim Leasingnehmer im Rahmen der Bestands- und Erfolgskonten[156]

Die vom Leasingnehmer zu entrichtenden Leasingraten teilen sich in einen Tilgungsanteil sowie einen Finanz- bzw. Zinsanteil auf.[157] Während die Tilgung erfolgsneutral die Verbindlichkeit senkt (Abb. 17 Ziffer (2)), schmälert der Zinsaufwand das Jahresergebnis (Abb. 17 Ziffer (3)). Der Leasinggegenstand hingegen wird ebenfalls erfolgswirksam planmäßig sowie, falls nötig, außerplanmäßig abgeschrieben (Abb. 17 Ziffer (1).

---

[156] Basierend auf Ausführung von (Pellens, et al., 2014 S. 672 ff.)
[157] IAS 17.25

Somit divergieren in den Folgeperioden durch Anwendung der Effektivzinsmethode oftmals die Höhe der Leasingverbindlichkeit und der Wert des Leasingobjekts, obwohl diese bei der Erstbewertung identisch waren.[158] Dies resultiert aus der Tatsache, dass sich, wie nachfolgend noch verdeutlicht wird, die Folgebewertung von Finanzierungsleasingverhältnissen analog zur Bewertung eines Annuitätendarlehens verhält. D.h. mit fortlaufender Periode sinkt innerhalb der Leasingraten der Anteil des Zinsaufwands, wohingegen die Tilgung stetig steigt.[159] Erst am Ende der Laufzeit nähern sich somit die Verbindlichkeit und der Vermögenswert aus dem Leasingverhältnis wieder an, bis sie letztlich aus der Bilanz verschwinden.[160]

Um die Folgebewertung korrekt durchführen zu können, bedarf es zunächst der Ermittlung der zugrunde liegenden Abschreibungsmethode, sowie des zugrundeliegenden Zeitraumes. Hierbei gilt generell die für vergleichbare Vermögensgegenstände konform anzuwendende Abschreibungsmethode. IAS 17.27 verweist in diesem Zusammenhang auf IAS 16 für materielle, sowie IAS 38 für immaterielle Vermögenswerte.[161] D.h. sowohl die AHK-Methode als auch die Neubewertungsmethode sind zulässig.[162] Der Abschreibungszeitraum richtet sich nach der hinreichenden Sicherheit des rechtlichen Eigentumsübergangs des Leasingobjekts am Ende der Laufzeit. Ist ergo der Eigentumsübergang zu Leasingbeginn hinreichend sicher, entspricht der Abschreibungszeitraum der wirtschaftlichen Nutzungsdauer des Leasingobjekts. Ist der Eigentumsübergang nicht hinreichend sicher, muss der kürzere Zeitraum, entweder die wirtschaftliche Nutzungsdauer oder die Laufzeit des Leasingverhältnisses herangezogen werden.[163]

Nachdem die Abschreibungsmethode sowie der Zeitraum festgelegt wurden, müssen gem. IAS 17.25 die Leasingraten in ihren Tilgungs- sowie Finanzierungsanteil in der Weise aufgeteilt werden, dass stets ein

---

[158] (Pellens, et al., 2014 S. 676)
[159] (Wünsche, 2010 S. 156); Sofern keine Anwendung von Näherungsverfahren gem. IAS 17.26 erfolgt
[160] (Pellens, et al., 2014 S. 676)
[161] (IASB, 2015 S. 214)
[162] (Deloitte, 2016(e)) und (Deloitte, 2016(c))
[163] (Bohl, 2013 S. 947)

konstanter Zinssatz (interner Zinsfuß) auf die verbleibende Restschuld (Verbindlichkeit abzüglich Tilgung) angewandt wird.[164] Die Ermittlung eines unternehmensspezifischen internen Zinsfußes kann sich in der Praxis seitens der Abschlussadressaten, aufgrund von Zirkelbezügen oder mangelnden Informationen, oftmals als schwierig erweisen. Alternativ können auch gem. IAS 17.26 Näherungsverfahren genutzt werden, von denen jedoch im Standard explizit keine genannt werden. Sofern ist unklar, ob bspw. eine lineare Aufteilung der Finanzierungskosten und Tilgungen möglich ist.[165]

Der Leasinggeber verfährt bei der Folgebewertung des Finanzierungsleasings nahezu spiegelbildlich zum Leasingnehmer. D.h. er verbucht die eingehenden Kapitalrückflüsse, in Form von Leasingzahlungen des Leasingnehmers, anhand deren Zins- und Tilgungsanteils.[166] Die Anteile lassen sich wie beim Leasingnehmer durch die Ermittlung des internen Zinsfußes bestimmen. Der interne Zinsfuß unterstellt hierbei eine konstante Verzinsung der Forderung, also des Nettoinvestitionswerts (Erstbewertung) über die Laufzeit des Leasingverhältnisses.[167] Sobald die periodische Aufteilung erfolgt ist, werden die Bestandteile (Tilgung und Finanzertrag) wie nachstehend verbucht (siehe Abb. 18):

---

[164] (Petersen, et al., 2015 S. 398)
[165] (Pellens, et al., 2014 S. 676); Hierbei wäre es möglich, sofern die Laufzeit des Leasingverhältnisses gleich dem Abschreibungszeitraum ist, dass die Wertansätze von Leasingverbindlichkeit und Leasinggegenstand identisch verlaufen.
[166] (Lüdenbach, 2014 S. § 15, Rz. 136)
[167] (Kirsch, 2016(a) S. 70)

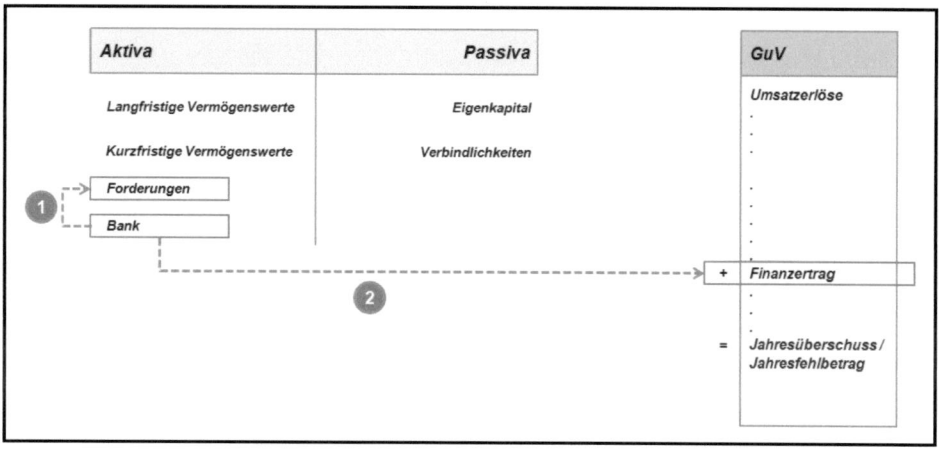

Abb. 18: Folgebewertung eines Finanzierungsleasings beim Leasinggeber im Rahmen der Bestands- und Erfolgskonten[168]

1. Der Tilgungsanteil senkt die ausstehende Forderung und erhöht gleichzeitig den Bankbestand (erfolgsneutraler Aktivtausch)
2. Der Zinsanteil erhöht ebenfalls den Bankbestand und fließt erfolgswirksam als Finanzertrag in die GuV

Entgegen der Folgebewertungsvorschriften des Leasingnehmers, werden dem Leasinggeber Näherungsverfahren nicht explizit gestattet, was eine in gewisser Weise erratische Vorgehensweise darstellt.[169]

Eine eventuelle Änderung des nicht garantierten Restwerts muss hierbei gem. IAS 17.41 berücksichtigt werden.[170] Zusätzlich zu berücksichtigen sind langfristige Vermögenswerte, die zur Veräußerung gehalten werden und dementsprechend gem. IFRS 5 zu bilanzieren sind.[171]

Weitere Sondervorschriften, die gem. des Falls existieren, in dem ein Leasinggeber gleichzeitig als Händler auftritt, sind für den weiteren Verlauf der Untersuchung von untergeordneter Relevanz und werden daher an dieser Stelle nicht vertieft.

---

[168] Basierend auf Ausführung von (Bohl, 2013 S. 946)
[169] (Pellens, et al., 2014 S. 678)
[170] (Federmann, et al., 2011 S. 288)
[171] (IASB, 2015 S. 218)

3.1.3 Operating-Leasingverhältnisse

3.1.3.1 Ansatz und Erstbewertung

Wurde das Leasingverhältnis anhand der in 3.1.1 genannten Indikatoren als Operating-Leasing klassifiziert, d.h. dem Leasingnehmer wird weder das rechtliche noch das wirtschaftliche Eigentum am Leasinggegenstand zuteil, so wird das Leasingverhältnis analog zu einem klassischen Mietvertrag behandelt.[172] Dies bedeutet den Wegfall sämtlicher Ansatzvorschriften seitens des Leasingnehmers, wodurch lediglich eine periodengerechte Aufwandsverbuchung hinsichtlich der Leasingraten erfolgswirksam berücksichtigt wird.[173]

Periodengerecht bedeutet hierbei eine spiegelbildliche Verteilung der Leasingzahlungen zur tatsächlichen Inanspruchnahme des Nutzenpotenzials des Leasingobjekts durch den Leasingnehmer, die überwiegend linear bzw. gleichmäßig erfolgt.[174] Sofern jedoch erwiesenermaßen von einem anderen Verlauf der Inanspruchnahme auszugehen ist (z.B. degressiv), muss die Verteilung des periodengerechten Aufwands dementsprechend angepasst werden.[175] Zusätzlich regelt in diesem Zusammenhang SIC-15 die Gewährung von Anreizen durch den Leasinggeber bzgl. der Gestaltung von Leasingverträgen. Als Anreize gelten hierbei bspw. Kostenreduktionen des Leasingnehmers, Minderung von Leasingraten sowie Barzahlungen. Der daraus entstehende Nutzen seitens des Leasingnehmers wird in seinem Gesamtvolumen ebenfalls analog zum Nutzenverlauf des Leasingobjekts verteilt bzw. periodengerecht von den jeweiligen Leasingraten subtrahiert.[176] Des Weiteren müssen Leasingnehmer im Rahmen sog. belastender Verträge (onerous contracts), d.h. der Wert zukünftiger

---

[172] (Kirsch, 2016(a) S. 71)
[173] (Pellens, et al., 2014 S. 667)
[174] (Bohl, 2013 S. 944)
[175] (Buschhüter, et al., 2011 S. 499); Ausnahmen der Verteilungsregelung gem. IAS 17.34
[176] (IASB, 2015 S. 1276)

Leasingraten übersteigt den Ressourcenzufluss durch Nutzung des Leasingobjekts[177], eine Drohverlustrückstellung gem. IAS 37 bilden.[178]

Betrachtet man den Wegfall bilanzieller Ansatzvorschriften, also den sog. „off-balance"-Ausweis von Operating-Leasingverhältnissen, in Verbindung mit deren ohnehin große Ermessenspielräume bietenden Klassifizierung anhand ungenau definierter Indikatoren des IAS 17, ist die starke Kritik an den Vorschriften nachvollziehbar. Folglich sind diese hauptverantwortlich für eine starke Präferenz der Behandlung von Leasingverhältnissen als Operating- statt Finanzierungsleasing, woraus das signifikant hohe in Abb.1 gezeigte Volumen von Operating-Leasings weltweit von umgerechnet über 1,91 Billionen Euro resultiert.

Vergleicht man in diesem Zusammenhang am Beispiel der Lufthansa AG das Verhältnis von Finanzierungs- gegenüber Operating-Leasingvolumen aus Daten des Geschäftsberichts 2015, ergibt sich bei einem unterstellten internen Zinsfuß von 5,75% eine Quote von rund 15,37%. D.h. knapp 85% des Leasingvolumens der Gesellschaft wird als Operate-Leasing geführt.[179]

Ansatz und Erstbewertung beim Leasinggeber erfolgen spiegelbildlich zum Leasingnehmer, da der Leasinggeber beim Operating-Leasing sowohl das rechtliche als auch wirtschaftliche Eigentum am Leasingobjekt besitzt. Folglich muss er gegenüber dem Leasingnehmer das Leasingobjekt unter den langfristigen materiellen oder immateriellen Vermögenswerten ausweisen.[180]

Die Erstbewertung erfolgt somit abhängig von den Eigenschaften des Leasinggegenstands gem. IAS 16 (Sachanlagevermögen), IAS 38 (immaterielle Vermögenswerte) oder IAS 40 (als Finanzinvestition gehaltene Immobilien)[181] regelmäßig in Höhe der Anschaffungs- oder Herstellungskosten des Vermögensgegenstands, zuzüglich eventuell

---

[177] (Bohl, 2013 S. 944)
[178] (Ernst & Young GmbH WPG, 2014 S. 148)
[179] Die Berechnung erfolgt anhand des Verhältnisses der Barwertsumme der Leasingzahlungen aus Finance-Leases (bis 2020) gegenüber der Barwertsumme aller Leasingzahlungen (bis 2020)
[180] (Pellens, et al., 2014 S. 667 ff.)
[181] (Bohl, 2013 S. 941)

anfallender anfänglicher direkter Kosten im Rahmen des Leasingvertrags.[182]

3.1.3.2 Folgebewertung

Wie bereits in 3.1.3.1 beschrieben, entfällt beim Leasingnehmer im Rahmen eines Operating-Leasings der bilanzielle Ansatz des Leasingobjekts. Daher sind lediglich die über die Leasingperioden linear verteilten Aufwendungen in Form von Leasingraten hinsichtlich der Folgebewertung zu berücksichtigen. Er bucht somit Leasingaufwand an Bank.[183]

Zu beachten sind hierbei Abweichungen zwischen der Leasinglaufzeit und der Inanspruchnahme des Nutzenpotenzials oder den vereinbarten Zahlungsmodalitäten. Da in diesen Fällen Auszahlungen und korrespondierende Aufwendungen divergieren[184], müssen aktivische bzw. passivische Abgrenzungen vorgenommen werden.[185] Folgende Ursachen und darauf anzuwendende Sonderregelungen sind in diesem Rahmen zu nennen:

- Anreizvereinbarungen: Dem Leasingnehmer entsteht ein finanzieller Anreiz im Rahmen des Leasingvertrags (z.B. zahlungsfreie Zeit am Anfang der Laufzeit). Hierbei müssen Unterschiedsbeträge aus Aufwand und Auszahlung als Rückstellung aus Nutzungsverlauf abgegrenzt werden.

- Zahlungsmodalitäten: Der Leasingnehmer leistet bspw. Vorauszahlungen, wodurch er die den Aufwand übersteigenden Auszahlungen (Vorauszahlungen) als sonstigen Vermögenswert aus Nutzungsverlauf ansetzen muss.[186]

---

[182] (Buschhüter, et al., 2011 S. 498)
[183] (Kirsch, 2016(a) S. 71)
[184] (Bohl, 2013 S. 944)
[185] (Pellens, et al., 2014 S. 680)
[186] (Bohl, 2013 S. 945); Vgl. hierzu Anhang3

Auffällig ist hierbei, dass im Rahmen der Abgrenzung bei der Folgebewertung von Operating-Leasingverhältnissen Verpflichtungen zur Bildung eines Vermögenswerts existieren, wohingegen zu Laufzeitbeginn sämtliche Ansatzvorschriften seitens des Leasingnehmers entfallen. Somit wird einerseits aufgrund des mangelnden wirtschaftlichen Eigentums der bilanzielle Ausweis des Leasingobjekts beim Leasingnehmer untersagt, jedoch andererseits die Erfüllung der Definition eines Vermögenswerts suggeriert, was als äußerst erratische Regelung betrachtet werden kann.

Der Leasinggeber hingegen verfährt diametral bei der Folgebewertung des Operating-Leasingverhältnisses. Einerseits schreibt er als wirtschaftlicher Eigentümer des Leasingobjekts den Vermögenswert über dessen wirtschaftliche Nutzungsdauer gem. IAS 16 oder IAS 38 ab.[187] Andererseits verbucht er die vereinnahmten Leasingraten (außer Einnahmen aus Dienstleistungen wie Versicherungen und Instandhaltung) als Erträge. Beide Vorfälle sind hierbei erfolgswirksam in der GuV zu berücksichtigen.[188]

In der Regel entsprechen in diesem Rahmen die Aufwendungen aus Abschreibung des Leasingobjekts den Erträgen aus vereinnahmten Leasingraten, da in der Praxis überwiegend eine lineare Verteilung der Zahlungsflüsse unterstellt wird.[189] Sofern jedoch eine leistungsorientierte oder degressive Abschreibungsmethode angewandt wird, erfolgt ähnlich wie bei der Folgebewertung des Leasingnehmers eine periodengerechte Abgrenzung.[190] Übersteigt die Abschreibung die Leasingrate bildet der Leasinggeber einen sonstigen Vermögenswert aus dem Unterschiedsbetrag. Verhält es sich diametral, wird ein sonstiger Schuldposten gebildet. Sowohl Bildung als auch Auflösung von Vermögens- bzw. Schuldpostens erfolgen erfolgsneutral, wohingegen Unterschiede zwischen Abschreibungsmethode und Aufteilung der

---

[187] (Baetge, et al., 2012 S. 669 ff.); Abschreibung entspricht dem Verbrauch von Kapazitäten in der Produktion oder Verlauf der Abnutzung Vgl. Bohl et al. (2013); S.941
[188] (Kirsch, 2016(a) S. 71)
[189] (Bohl, 2013 S. 942)
[190] (Buschhüter, et al., 2011 S. 498)

Leasingraten (z.B. lineare Leasingraten gegenüber degressiver Abschreibung) zu Erfolgsauswirkungen führen.[191]

Anreizvereinbarungen, durch die periodische Differenzen zwischen Erträgen und Einzahlungen beim Leasingeber entstehen, gelten als Kosten, die zukünftige Leasingraten reduzieren.[192] Sie werden ebenfalls über die gesamte Laufzeit verteilt und führen spiegelbildlich zum Leasingnehmer zur Bildung von sonstigen Vermögens- und Schuldposten in der Bilanz des Leasinggebers.[193] Anfänglich direkte Kosten werden wie bereits erwähnt dem Leasingobjekt hinzugerechnet und anschließend analog zur Verteilung der Erträge über die Laufzeit als Aufwand erfasst.[194] Zusätzlich sind unsichere Restwerte regelmäßig zu überprüfen sowie eventuell höhere planmäßige Abschreibungen vorzunehmen, um signifikante Buchverluste am Laufzeitende von Leasingverträgen zu vermeiden.[195]

3.1.4 Zusammenfassung

Dieses Kapitel dient der Wiederholung der Rechnungslegungsvorschriften des IAS 17 und der Zusammenfassung der wesentlichen Ansatz- und Bewertungskriterien anhand der nachfolgenden Abb. Zur Vertiefung der einzelnen Punkte können demnach die Kapitel 3.1.1 bis 3.1.3.2 herangezogen werden.

---

[191] (Bohl, 2013 S. 942); Siehe Anhang 3
[192] (Pellens, et al., 2014 S. 681)
[193] SIC-15.4
[194] (Federmann, et al., 2011 S. 290)
[195] (Bohl, 2013 S. 945); Buchverluste entstehen bspw. durch fehlerhafte Restwertansätze, indem der Verkehrswert unter dem Buchwert des Leasingobjekts am Ender der Laufzeit des Leasingvertrags liegt.

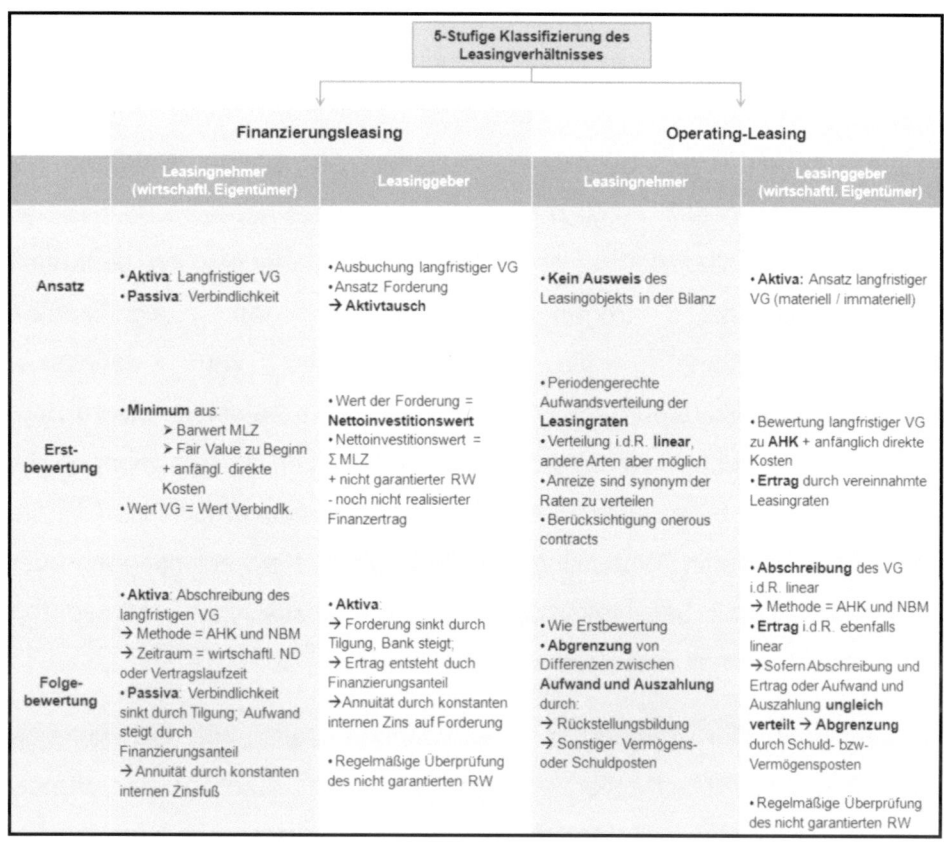

Abb. 19: Zusammenfassung der Ansatz- und Bewertungsvorschriften von Finanzierungs- und Operating-Leasingverhältnissen gem. IAS 17[196]

3.1.5 Kritische Würdigung

Zweifelsohne gehört der IAS 17 zu den wohl am stärksten kritisierten internationalen Rechnungslegungsvorschriften der letzten Dekade. Die Überarbeitung der bereits 1982 veröffentlichten Bilanzierungsregelungen von Leasingverträgen[197] wurde demnach seit 2006 mit hoher Priorität durch das IASB forciert.[198]

Der wohl signifikanteste Kritikpunkt am aktuellen Standard, ist die bereits in 3.1.1 verdeutlichte Thematik der Dichotomie aller Leasingverträge, d.h.

---

[196] Eigene Darstellung
[197] (Deloitte, 2016(d))
[198] Vgl. S.9

die Klassifizierung nach Finanzierungs- und Operating-Leasing.[199] Da Leasingtransaktionen stets im Grenzbereich von Miet- und Kaufverträgen liegen[200], ist nachvollziehbar, dass sich der Versuch einer eindeutigen Einstufung von Leasingverträgen in einen der beiden Bereiche als problematisch erweist. Folglich ist es möglich, dass derselbe Sachverhalt aufgrund des „all-or-nothing-approach" völlig unterschiedlich behandelt wird.[201] Hierzu tragen maßgeblich die signifikanten Ermessenspielräume[202], die sich aus den vage definierten Abgrenzungsindikatoren (IAS 17.10 – 11) ergeben, bei (siehe hierzu Bsp. auf S.41 ff.). Ebenfalls bieten umfänglich flexible Vertragsgestaltungen die Möglichkeit zur bilanziellen Gestaltung von Leasingverhältnissen.[203] So können bspw. durch Anpassung von Restwerten, Kaufpreisoptionen oder Grundmietzeiten Leasingverhältnisse als klassischer Mietvertrag (Operating-Leasing) ausgelegt werden.

Da Operate- im Gegensatz zu Finance-Leases wie schwebende Geschäfte lediglich „off-balance" erfasst werden[204], resultiert eine oftmals scharf kritisierte Informationsverzerrung von internationalen Abschlüssen.[205] Diese macht sich vor allem durch den mangelnden Ausweis der sich im Besitz des Leasingnehmers befindlichen Vermögenswerte aus Operating-Leasingverhältnissen und der korrespondierenden Verbindlichkeiten bemerkbar. Die hauptsächlich gem. IAS 17.56 auszuweisenden Anhangangaben bestehender Operating-Leasingverhältnisse werden überwiegend als zu intransparent bzw. informationsineffizient bemängelt.[206]

Die Tendenz zur Behandlung von Leasingverhältnissen als klassische Mietverträge wirkt sich ebenfalls signifikant auf unterschiedliche Finanzkennzahlen, die zur Analyse von Geschäftsberichten durch Analysten und Investoren genutzt werden, aus. Demnach wird

---

[199] (IASB, 2009)
[200] (Eckl, et al., 2016(a) S. 663)
[201] (Stamm, et al., 2011 S. 32)
[202] (Pellens, et al., 2014 S. 692)
[203] (KPMG, 2013)
[204] (Piesbergen, et al., 2015 S. 834)
[205] (IASB, 2009 p. Rz. 1.12)
[206] (Philippen, 2012 S. 25)

Leasingnehmern unterstellt, durch Gestaltung der Klassifizierungsindikatoren, eine positive Beeinflussung des Verschuldungsgrads bzw. der Eigenkapitalquote anzustreben.[207] Hieraus resultiert wiederum eine Verbesserung der Ratings externer Fremdkapitalgeber, die aufgrund vorteilhafter Finanzkennzahlen dem Unternehmen eine bessere Zahlungsfähigkeit unterstellen[208], als realiter anzunehmen ist. Diese Annahme wirkt sich ebenfalls positiv auf zukünftige Kreditvergabekonditionen aus.

Zwar existieren Meinungen, die behaupten, Abschlussadressaten würden bereits bei ihren Analysen außerbilanziell ausgewiesene Verpflichtungen aus Operating-Leasingverhältnissen berücksichtigen[209], jedoch ist diese Vermutung aufgrund der limitiert erforderlichen Anhangangaben fraglich. So erweist es sich etwa als problematisch, allein auf Basis summierter zukünftiger Mindestleasingzahlungen (MLZ) Rückschlüsse auf bilanzielle Verbindlichkeiten und Vermögenswerte im Rahmen bestehender Operating-Leasingverhältnisse zu ziehen, da sowohl ein interner Zinsfuß als auch explizit angegebene Laufzeiten einzelner Leasingverträge fehlen. Lösungsansätze zu dieser Thematik werden hierbei in Kapitel 3.3 dargeboten. Zweifelsohne resultiert aus der beschriebenen Problemstellung eine Verzerrung der Jahresabschlüsse[210], die eine adäquate Vergleichbarkeit der Geschäftsberichte ohne aufwendige Adjustierungen[211] nahezu unmöglich macht.

Auch die hohe Komplexität des IAS 17 wird häufig kritisiert. Neben der zwangsläufig erforderlichen Klassifizierung sämtlicher Leasingverhältnisse zu Beginn der Vertragslaufzeit setzen zusätzlich Ansatz- und Bewertungsvorschriften bei Anwendern und Abschlussprüfern einen hohen Wissensstand und operativen Aufwand voraus, um die Regelungen adäquat umsetzen und überprüfen zu können.[212]

---

[207] (Pellens, et al., 2014 S. 692)
[208] (Gleißner, 2014 S. 16)
[209] (Schmitt, 2016 S. 40)
[210] (Stamm, et al., 2011 S. 32)
[211] (Eckl, et al., 2016(a) S. 663)
[212] (IASB, 2009 p. Rz. 1.13)

3.2 Theoretische Analyse von Leasingverträgen nach IFRS 16

Am 13. Januar 2016 erfolgte nach einem knapp zehnjährigen Entwicklungsprozess die finale Veröffentlichung des IFRS 16.[213] Der neue Leasingstandard ersetzt ab dem 01.01.2019[214] damit den bisher gültigen IAS 17 sowie dessen Interpretationen IFRIC 4, SIC-15 und SIC-27.[215] Optional ist eine frühere Anwendung für Unternehmen zulässig, sofern sich ebenfalls „IFRS 15 – Erlöse aus Verträgen mit Kunden" in Anwendung befindet.[216]

Auffällig ist die überarbeitete Zielsetzung des IFRS 16. Diese wird gem. IFRS 16.1 als die Bereitstellung abschlussrelevanter Informationen von Leasingnehmern und -gebern definiert, wobei die Informationen Leasingverhältnisse auf ehrliche bzw. realitere Weise abbilden sollen.[217] Diese Definition deckt sich mit der unkonkret formulierten Zielsetzung des IAS 17, weitaus stärker mit dem generellen Zweck einer Leasingbilanzierung gem. der Ansicht des IDW.[218]

Der Anwendungsbereich des IFRS 16 ist indes weitgehend kongruent mit dem des IAS 17. Jedoch treten merkliche Abweichungen hinsichtlich des Anwendungsbereichs bei denen als Finanzinvestition gehaltenen Immobilien (IAS 40) sowie immateriellen Vermögenswerten (IAS 38) auf. Diese Änderungen können zu signifikanten Umstellungseffekten bei der Erstanwendung führen.[219] So besteht gem. IFRS 16.4 zukünftig für alle, außer der in IFRS 16.3 (e) aufgeführten, immateriellen Vermögenswerte, ein uneingeschränktes Wahlrecht zur Anwendung der Vorschriften der 2019 in Kraft tretenden Regelungen.

Anschließend wird in der folgenden Abbildung der Aufbau des neuen Leasingstandards veranschaulicht.

---

[213] (Bausch, et al., 2015 S. 2341)
[214] (KPMG, 2016 S. 1); Für eine grafische Darstellung der Übergangsregelung siehe Anhang 4
[215] (Deloitte, 2016(f))
[216] (Gruber, et al., 2016 (a) S. 46)
[217] IFRS 16.1
[218] Siehe hierzu Kapitel 2.3
[219] (Eckl, et al., 2016(a) S. 667)

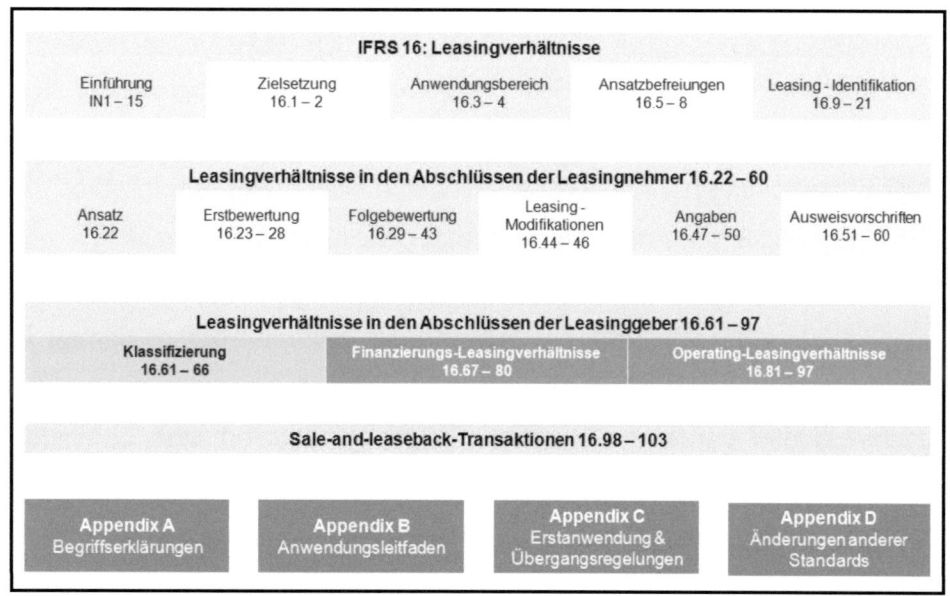

Abb. 20: Aufbau des IFRS 16[220]

Der Aufbau ist überwiegend identisch zum IAS 17, beinhaltet jedoch einige bedeutsame Änderungen sowie Neuerungen. Besonders auffällig ist der Wegfall der Klassifizierung nach Finanzierungs- und Operating-Leasing seitens des Leasingnehmers, sodass einheitliche Vorschriften hinsichtlich des Ansatzes und der Bewertung gegeben sind. In diesem Punkt spiegelt sich auch eine der signifikantesten Reformen des neuen Standards wider.[221] Während die vier übergeordneten Kategorien der Gliederung bestehen bleiben, ersetzen vier zusätzliche Anhänge (Appendix A – D) zukünftig einige allgemeine Rahmenbedingungen und Grundlagen des bisher gültigen Standards, die seither u.a. in IAS 17.4 – 6 sowie IAS 17.67 – 69A geregelt wurden.[222]

Im Folgenden wird demnach die neue internationale Regelung zur Bilanzierung von Leasingverhältnissen nach IFRS 16 näher erläutert sowie untersucht, inwieweit die Reformbestrebungen bzgl. der in 3.1.5 dargebotenen Kritikpunkte des alten Standards umgesetzt wurden.

---

[220] Basierend auf Ausführung von IFRS 16 – Leases
[221] (IASB, 2016(b))
[222] Vgl. Abb. 13

3.2.1 Leasingverständnis und -identifizierung

Die Überarbeitung der Identifizierung, Definition und Abgrenzung von Leasingverhältnissen stellt die wohl bedeutsamste sowie meist kritisierte Reformbestrebung der neuen internationalen Rechnungslegungsvorschrift dar. Demnach werden auf Leasingnehmerseite zukünftig alle Leasingverhältnisse bilanzwirksam erfasst, während auf Leasinggeberseite weiterhin die aus IAS 17 bekannte Klassifizierung in Finanzierungs- und Operating-Leasing erfolgt.[223] Aus dieser im Nachfolgenden genauer erläuterten Regelung resultiert eine erratische Behandlung von Leasingverhältnissen hinsichtlich der Leasingnehmer und -geber, wodurch ein diametraler Ausweis des Leasingobjekts in den Bilanzen möglich ist.[224]

Allgemein wird gem. IFRS 16.9 ein Leasingverhältnis als ein Vertrag definiert, der das Recht enthält, über den Nutzen eines Vermögenswerts (Leasingobjekts) für einen vereinbarten Zeitraum (Laufzeit) gegen ein Entgelt zu bestimmen.[225] Diese Definition von Leasingverhältnissen erscheint zunächst weitgehend konform mit der des IAS 17, jedoch ergeben sich deutliche Unterschiede unter der Berücksichtigung zusätzlicher Regelungen aus Appendix B9 – B33 sowie IFRS 16.10 – 17, die die Begriffsbestimmung von Leasingverhältnissen konkretisieren. Hieraus resultiert eine wesentliche Komplexitätszunahme hinsichtlich des Detailierungsgrads der Leasing-Identifizierung.[226] Verdeutlicht wird dies durch die nachfolgende Abbildung, die den Prüfungsprozess zur Identifizierung von Leasingverhältnissen im Rahmen des IFRS 16 veranschaulicht sowie die anschließenden Erläuterungen.

---

[223] (Brune, 2016 S. 99)
[224] (Tesche, et al., 2016 S. 575)
[225] „... the contract conveys the right to control the use of an identified asset for a period of time in exchange for consideration" (Vgl. IFRS 16.9)
[226] (Eckl, et al., 2016(a) S. 669)

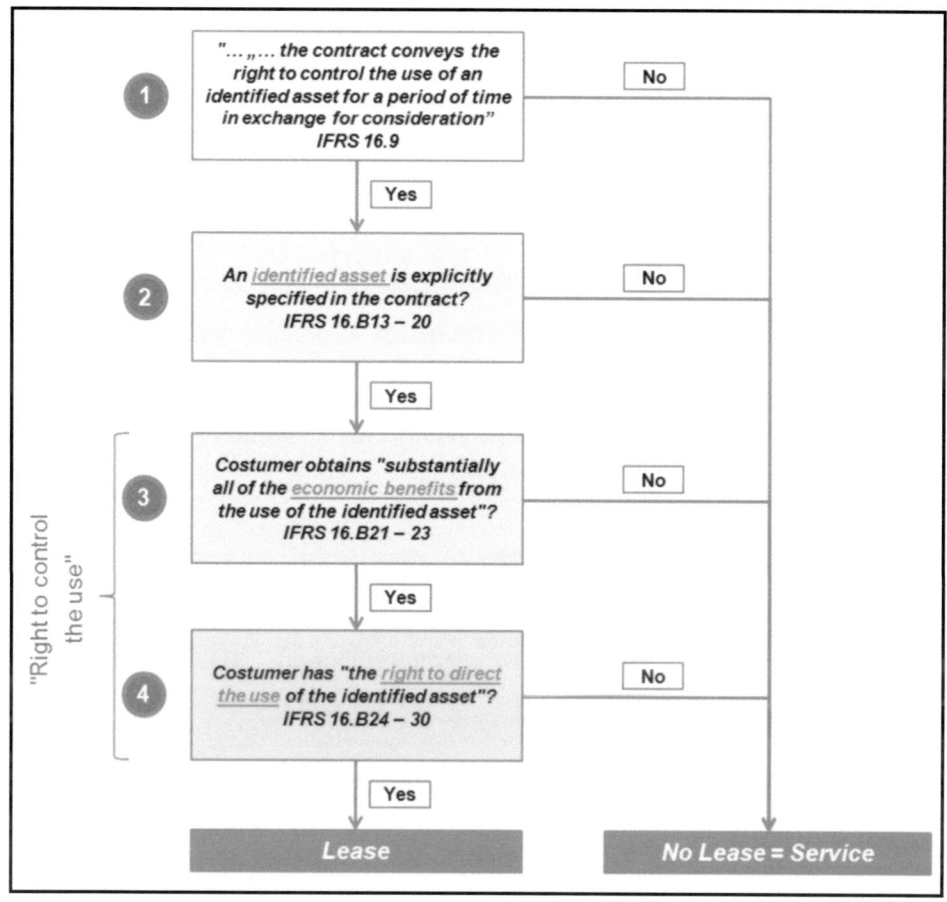

Abb. 21: Übersicht des Prüfungsprozesses zur Identifizierung von Leasingverhältnissen gem. IFRS 16.9 – 17 i.V.m. IFRS.B9 – 31[227]

Wie aus der Abbildung hervorgeht, handelt es sich bei obigem Schema um eine Prüfung anhand von Ausschlusskriterien. D.h. lediglich bei Erfüllung aller Indikatoren wird ein Vertrag als Leasingverhältnis identifiziert.[228]

Hierbei findet zunächst nach der Billigung der allgemeinen Definition gem. IFRS 16.9 die Prüfung des Bestehens eines sog. „identified assets" im Rahmen des Vertrags statt (Punkt 2, Abb. 21). Darunter wird ein im Vertrag explizit oder implizit vereinbarter Vermögenswert verstanden.[229] Implizit vereinbarte Vermögenswerte sind solche, bei denen im Rahmen eines Vertrags nicht vordergründig zu erkennen ist, dass die erbrachte

---

[227] i.A.a. IFRS 16.B31 i.V.m. (Eckl, et al., 2016(a) S. 671)
[228] Vgl. IFRS 16.B9: „… both the following"
[229] Vgl. IFRS 16.B13

Leistung ebenfalls die Gewährung eines Nutzungsrechts an einem Leasingobjekt bzw. Vermögenswert beinhaltet. Hierunter zählen bspw. Auslagerungen bei IT-Dienstleistungen bei eingebetteten Leasingverträgen.[230] Ebenfalls physisch abgrenzbare Vermögenswerte entsprechen den Prüfungskriterien.[231]

Das wohl jedoch ausschlaggebendste Prüfkriterium ist die Möglichkeit des Austauschs des Vermögenswerts durch den Leasinggeber während der Nutzungsdauer.[232] Das Recht des Austauschs gilt in diesem Zusammenhang als wesentlich, wenn die beiden nachfolgende Bedingungen gemeinsam erfüllt sind:

- Der Lieferant hat die Möglichkeit, den Vermögenswert durch einen alternativen zu ersetzen[233] und
- Der Lieferant zieht einen wirtschaftlichen Nutzen aus dem Austauschrecht.[234]

Dem Austauschrecht unterliegen demgegenüber nicht zukünftige Ereignisse, die zu Vertragsbeginn unwahrscheinlich in ihrem Eintritt sind. IFRS 16.B16 (a) – (d) gibt hierzu einige alltägliche Beispiele wie etwa den Austausch durch technische Überholung oder Gewährleistungsgarantien. Jedoch ist an dieser Stelle kritisch zu prüfen, ob durch gewisse Vertragsgestaltungen die Identifizierung eines Vermögenswerts v.a. durch „hinreichend wahrscheinliche" Ausübung des Austauschrechts durch den Lieferanten negiert wird, wodurch folglich kein Leasingverhältnis vorliegen würde.[235]

---

[230] (Eckl, et al., 2016(a) S. 669)
[231] IFRS 16.B20: „… for example, a floor of a building"
[232] IFRS 16.B14
[233] Hierbei genügt die Möglichkeit des Lieferanten, einen alternativen Vermögenswert innerhalb eines angemessenen Zeitraums beschaffen zu können (Vgl. IFRS 16.B14 (a))
[234] (KPMG, 2016 S. 9)
[235] So wären bspw. Vereinbarungen, bei denen der Lieferant über die Auswahl bereitgestellter Fahrzeuge entscheiden kann, nicht als Leasingverhältnis einzustufen. (vgl. (Gruber, et al., 2016 (a) S. 47)). Ebenso würde ein Großteil der Verträge aus Personalleasingverhältnissen als Dienstleistung interpretiert werden, da hierbei zwar eine implizite Vereinbarung eines Vermögenswerts vorliegt, jedoch die dienstleistende Partei über den konkreten Einsatz einzelner zu entsendender Mitarbeiter entscheiden kann, um daraus einen wirtschaftlichen Nutzen zu ziehen.

Der nächste Schritt stellt die wohl größte Reformierung der Leasingbilanzierung nach IFRS 16 dar. Mit dem Ziel, sämtliche Leasingverträge in den Bilanzen von Leasingnehmern zu erfassen[236], wird mit dem „right to control the use" ein neuer Ansatz zur Identifizierung von Leasingverhältnissen eingeführt. Das übersetzt lautende „Recht zur Bestimmung über die Nutzung des identifizierten Vermögenswerts"[237] löst zukünftig seitens der Leasingnehmer die Klassifizierung sämtlicher Leasingverhältnisse in Finanzierungs- und Operating-Leases ab.[238] Dies geschieht durch die Argumentation, dass der Leasingnehmer stets für eine vorgegebene Laufzeit über die Nutzung des Leasingobjekts („identified asset") frei entscheiden bzw. bestimmen kann.[239] Dem Besitz des wirtschaftlichen Eigentums kommt in diesem Zusammenhang ergo zukünftig keine Bedeutung mehr zu.[240]

Das Nutzungsrechtmodell umfasst dabei die zwei folgenden Merkmale, die hinsichtlich einer Leasingidentifizierung gemeinsam erfüllt sein müssen:

- Der Leasingnehmer (hier Kunde) erhält den wesentlichen wirtschaftlichen Nutzenzufluss aus dem Gebrauch des identifizierten Vermögenswerts und
- Der Kunde hat das Recht, über die Nutzung des identifizierten Vermögenswerts für die vereinbarte Laufzeit zu bestimmen.[241]

Generell fließt dem Kunden gem. IFRS 16.B21 der wesentliche wirtschaftliche Nutzen aus dem Gebrauch, der Verwahrung sowie der Untervermietung des identifizierten Vermögenswerts zu. Dabei kann der Nutzenzufluss sowohl durch direkten Output als auch durch Nebenprodukte entstehen.[242] Sofern der Kunde im Rahmen von Vertragsrestriktionen einen prozentualen Anteil der generierten Cashflows

---

[236] (Schmitt, 2016 S. 39)
[237] Englisch: „Right to control the use of an identified asset" (vgl. (IASB, 2016(a) S. 11))
[238] (Tesche, et al., 2016 S. 561)
[239] (Gruber, et al., 2016 (a) S. 47)
[240] (Gruber, et al., 2016 (a) S. 46)
[241] IFRS 16.B21 i.V.m. IFRS 16.B24
[242] IFRS 16.B21; Ein wirtschaftlicher Nutzenzufluss aus Nebenprodukten kann bspw. die Veräußerung von Abfallprodukten, die beim Herstellungsprozess mit Hilfe einer geleasten Maschine entstehen, sein.

an den Lieferanten abtreten muss, gilt dieser Anteil ebenfalls als wirtschaftlicher Nutzenzufluss des Kunden aus dem identifizierten Vermögenswert.[243]

Auffällig ist hierbei die wie bereits in IAS 17 kritisierte Nutzung vager Formulierungen. So dürften sich aus der nicht explizit definierten Formulierung des „wesentlichen Nutzenzuflusses" erneut erhebliche Ermessensspielräumen ergeben.[244] So führt IFRS 16.B22 (a) das Beispiel der eingeschränkten Nutzung bereitgestellter Fahrzeuge auf, was einen ebenfalls eingeschränkten Nutzenzufluss des Kunden zur Folge hat. Jedoch ergibt sich hierbei keine konkrete Abgrenzung, ab welcher Schwelle der Nutzenzufluss als wesentlich gilt.

Das zweite Merkmal des Nutzungsrechtmodells stellt das Recht zur Bestimmung über die Verwendung des identifizierten Vermögenswerts dar.[245] Dieses unterteilt sich erneut in zwei Merkmale, von denen mindestens eins im Rahmen der Leasingidentifizierung erfüllt sein muss:

- Der Kunde hat das Recht darüber zu bestimmen, wie und für welchen Zweck der Vermögenswert genutzt wird oder
- Wesentliche Entscheidungen sind durch Vertragsrestriktionen vorgegeben, aber
  - Der Kunde kann den Vermögenswert betreiben, ohne dass der Lieferant einen Eingriff darauf nehmen kann oder
  - Der Kunde hat den Vermögenswert im Rahmen individueller bzw. spezieller Anforderungen in einer Weise konzipiert, die vorgibt, wie und für welchen Zweck der Vermögenswert genutzt wird.[246]

Sofern auch das zweite Merkmal des Nutzungsrechtmodells erfüllt ist, gilt der Vertrag als Leasingverhältnis im Sinne des IFRS 16. Die Identifizierung von Leasingverhältnissen grenzt zukünftig einerseits beim Leasingnehmer schwebende Geschäfte (bilanzunwirksam) von

---

[243] IFRS 16.B23
[244] (Eckl, et al., 2016(a) S. 670)
[245] (KPMG, 2016 S. 9)
[246] IFRS 16.B24

66

Leasingverhältnissen (bilanzwirksam), andererseits beim Leasinggeber Umsatzerlöse aus Kundenverträgen (IFRS 15) von Leasingverhältnissen (IFRS 16) ab.[247]

Anhand des Umfangs des beschriebenen Prüfungsschemas zur Identifizierung von Leasingverhältnissen lässt sich folglich feststellen, dass die durch Reformierung angestrebte Komplexitätsreduktion der Leasing-Thematik nicht erreicht wurde. Durch die vielseitigen Identifizierungskriterien und den folglich damit einhergehenden Mehraufwand für die Abschlusserstellung ist seitens der Unternehmen zukünftig mit einem Kostenanstieg zu rechnen.

Einerseits wurde zwar die bei Leasingnehmern häufig als subjektiv geltende Klassifizierung nach Finanzierungs- und Operating-Leasing durch den ROU-Ansatz abgeschafft[248], andererseits resultiert jedoch aus den derzeitigen Regelungen des IFRS 16 eine Abgrenzungsproblematik zwischen Leasing- und Dienstleistungsverhältnissen.[249] Mit den IFRS 16 werden alle Leasingverhältnisse zukünftig bei Leasingnehmern bilanzwirksam erfasst, wohingegen Dienstleistungsverträge weiterhin als schwebende Geschäfte gelten und somit bilanzunwirksam sind (ähnlich Operating-Leasing i.S.v. IAS 17).[250] Diese Problematik kommt v.a. im Rahmen sog. „Mehrkomponentenverträgen" zum Tragen, bei denen gem. IFRS 16.12 eine Aufteilung einzelner Vertragskomponenten in Leasing- und Dienstleistungselemente erfolgt.[251] Wie hoch die Gefahr von Ermessensspielräumen in diesem Zusammenhang ist, wird u.a. durch die auf S. 66 genannten erneut unkonkret auftretenden Formulierungen des Standards verdeutlicht.

Ebenfalls Angriffsfläche für Kritik bieten die Erleichterungsvorschriften zur Befreiung vom bilanziellen Ansatz und der Bewertung seitens des Leasingnehmers. Demnach besteht gem. IFRS 16.5 – 8 i.V.m. IFRS 16.B3 – B8 ein Wahlrecht für sog. „short-term leases" sowie „low value leases".

---

[247] (Eckl, et al., 2016(a) S. 670); Für detailliertere Erläuterungen vgl. IFRS 15
[248] (Heyd, et al., 2015 S. 463)
[249] (Findeisen, et al., 2016 S. 485)
[250] (KPMG, 2016 S. 1)
[251] (Gruber, et al., 2016 (b) S. 445)

Als "short-term lease" gelten Leasingverhältnisse mit einer Laufzeit von maximal 12 Monaten.[252] Als „low value leases" werden gem. IFRS 16.BC100 Leasingverhältnisse mit einem Wert von unter 5.000 $ definiert. Hierbei handelt es sich jedoch vielmehr um einen Richtwert als eine uneingeschränkt geltende Obergrenze, was erneut die Frage nach daraus resultierenden Ermessensspielräumen in der praktischen Anwendung aufwirft.

Die beiden genannten Ausnahmefälle durchbrechen die strikte Bilanzwirksamkeit aller Leasingverhältnisse auf der Leasingnehmerseite und räumen folglich ein Wahlrecht ein, das eine Behandlung solcher Sonderbedingungen erlaubt, die der Behandlung von Operating-Leasingverhältnissen i.S.v. IAS 17 entspricht.[253] Darüber hinaus werden in diesem Zusammenhang bereits spezielle Vertragsgestaltungen von Experten empfohlen, die diese Vorschriften nutzen, um auch zukünftig den „Off-Balance-Vorteil" für Leasingnehmer und somit die „Attraktivität des Leasingmodells" zu erhalten.[254]

Aufgrund der in diesem Kapitel erläuterten Neuerungen der Leasingreform nach IFRS 16 werden die nachfolgenden Abschnitte zu Ansatz- und Bewertungsvorschriften divergent zu den in 3.1.2 und 3.1.3 genannten, gegliedert, indem diese zunächst aus Sicht des Leasingnehmers sowie im Anschluss aus Sicht des Leasinggebers diskutiert werden.

3.2.2 Bilanzierung beim Leasingnehmer

3.2.2.1 Ansatz und Erstbewertung

Sofern anhand der im vorherigen Kapitel dargebotenen Kriterien ein Vertrag als Leasingverhältnis identifiziert wurde, verfährt aufgrund der Neuregelungen der Leasingnehmer beim Ansatz und der Erstbewertung ähnlich wie beim Finanzierungsleasing i.S.v. IAS 17.[255] Da durch die

---

[252] IFRS 16.Appendix A ("short-term lease")
[253] (Bausch, et al., 2015 S. 2342)
[254] (zeb, 2016); Siehe Anhang 5
[255] (Eckl, et al., 2016(b) S. 721)

68

Reformierung de lege ferenda seitens des Leasingnehmers alle Leasingverhältnisse[256] bilanziell zu erfassen sind und somit zukünftig nicht nach Finanzierungs- und Operating-Leasing klassifiziert werden, setzt der Leasingnehmer grundsätzlich einerseits ein Nutzungsrecht auf der Aktivseite, andererseits eine korrespondierende Leasingverbindlichkeit auf der Passivseite seiner Bilanz an.[257] Dieser Vorgang wird in der nachfolgenden Abbildung thematisiert.

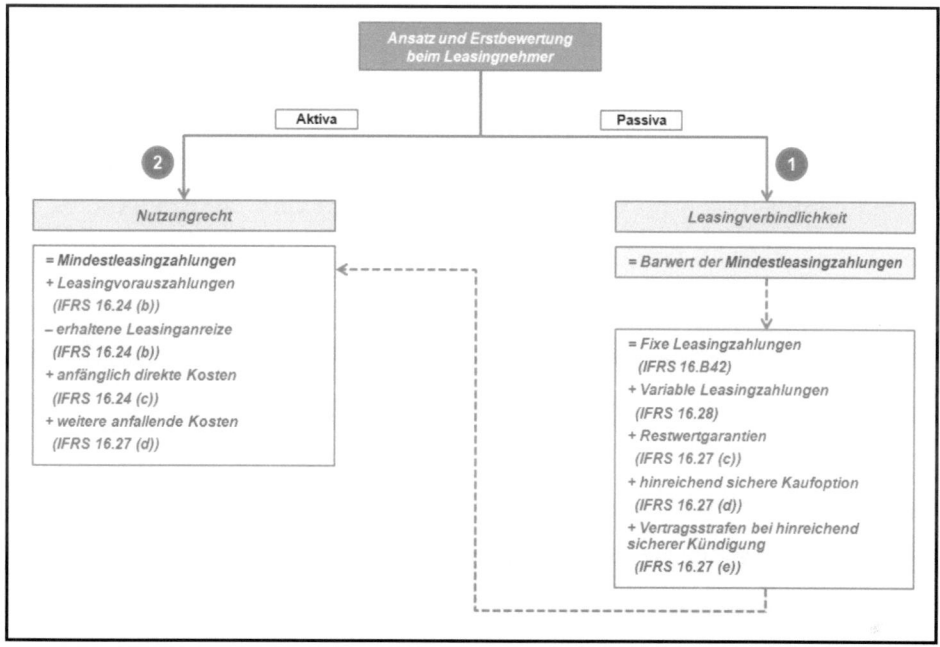

Abb. 22: Ansatz und Erstbewertung eines Leasingverhältnisses beim Leasingnehmer gem. IFRS 16[258]

Im ersten Schritt ist die Höhe der Leasingverbindlichkeit zu bestimmen, die sich aus dem Barwert der zukünftigen Leasingzahlungen im Rahmen des Leasingverhältnisses ergibt.[259] Während in diesem Kontext die Definitionen des zugrundeliegenden Zinssatzes sowie des Grenzfremdkapitalzinssatzes[260] kongruent mit denen des IAS 17 sind, ergeben sich signifikante Abweichungen bei der Begriffsbestimmung bzw.

---

[256] Ausnahmeregelungen „short-term leases" und „low value leases" siehe 3.2.1
[257] (Heyd, et al., 2015 S. 465)
[258] Basierend auf Ausführung von (KPMG, 2016 S. 25)
[259] (Kirsch, 2016(b) S. 192 ff.)
[260] IFRS 16.Appendix A „interest rate implicit in the lease" und "lessee's incremental borrowing rate"

Bemessung der Mindestleasingzahlungen. IFRS 16.27 unterscheidet hier erstmals in einen fixen und variablen Anteil. Während fixe Leasingzahlungen allgemein als unvermeidliche bzw. zwangsläufige Zahlungen definiert werden[261], gelten variable Leasingzahlungen als solche, die abhängig von einem Index oder Zinssatz, wie bspw. dem LIBOR oder Verbraucherpreisindex[262], sind.[263] Da variable Leasingzahlungen (sofern diese bei Laufzeitbeginn vermieden wurden) erst zum Zeitpunkt des Entstehens erfolgswirksam berücksichtigt werden, ergeben sich hierbei erneut umfassende „Off-Balance-Möglichkeiten", sofern Verträge derart gestaltet werden, dass ausschließlich variable Leasingzahlungen während der Laufzeit erfolgen.[264]

Im zweiten Schritt sind die Anschaffungskosten des Nutzungsrechts zu bestimmen, die auf der Ermittlung der Leasingzahlungen aufbauen (siehe Abb. 22). Die Leasingzahlungen werden anschließend einerseits um geleistete Vorauszahlungen, anfänglich direkte Kosten und Kosten weiterer Verpflichtungen (wie bspw. Entsorgung oder Wiederherstellung[265]) erhöht, andererseits um erhaltene Anreize reduziert.[266] Hierbei muss der Zeitpunkt der Realisation der Anreize beachtet werden. Sofern Leasingnehmer Anreize vor oder bei Beginn der Laufzeit erhalten, mindern diese die Anschaffungskosten des Nutzungsrechts am Leasingobjekt, während Anreize, die während der Laufzeit realisiert werden, die Leasingzahlungen und somit auch die Leasingverbindlichkeit (zusätzlich zum Nutzungsrecht) verringern.[267]

3.2.2.2 Folgebewertung

Aufgrund der im vorherigen Kapitel erläuterten Thematik, umfasst die Folgebewertung ergo einerseits das Nutzungsrecht am Leasingobjekt, andererseits die Leasingverbindlichkeit des Leasingnehmers.

---

[261] IFRS 16.B42
[262] IFRS 16.28
[263] (Kirsch, 2016(b) S. 192)
[264] (Eckl, et al., 2016(b) S. 722)
[265] IFRS 16.24 (d)
[266] (KPMG, 2016 S. 25)
[267] (Eckl, et al., 2016(b) S. 722)

IFRS 16.29 – 35 regeln in diesem Rahmen die Folgebewertung des Nutzungsrechts, deren Vorschriften anhand nachfolgender Abbildung veranschaulicht werden.

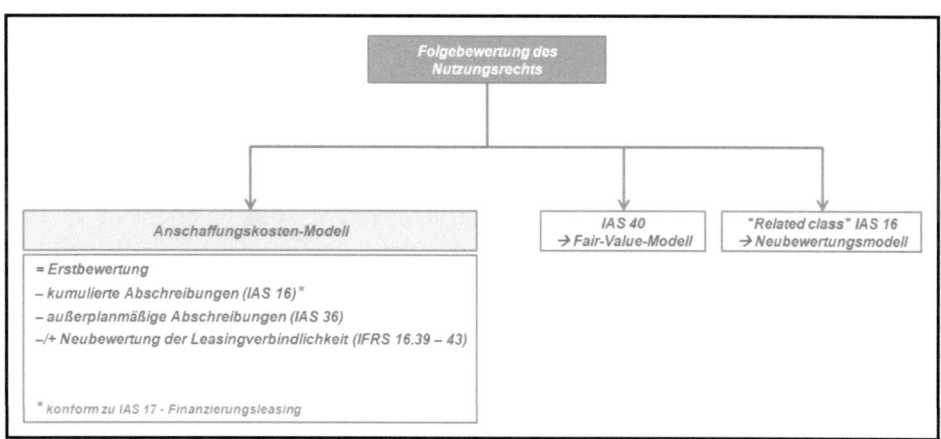

Abb. 23: Folgebewertung des Nutzungsrechts beim Leasingnehmer gem. IFRS 16[268]

Aus dem Schaubild geht hervor, dass für Nutzungsrechte generell das Anschaffungskosten-Modell zusätzlich einiger Neuerungen zu verwenden ist, sofern diese nicht im Rahmen des IAS 40 oder einer dem Nutzungsrecht zugehörigen Klasse des IAS 16 bereits nach der Neubewertungsmethode bewertet werden.[269] Das sog. „cost model" verfährt hinsichtlich der Bestimmung der vorzunehmenden kumulierten Abschreibungen (IAS 16) sowie außerplanmäßigen Abschreibungen (Impairment gem. IAS 36) analog zu in IAS 17 geregelten Folgebewertungen von Finanzierungsleasingverhältnissen beim Leasingnehmern[270], weshalb grundsätzlich ein linearer Abschreibungsverlauf unterstellt werden kann.[271] Neuerungen stellen hierbei die Adjustierungen durch Neubewertungen der Leasingverbindlichkeit dar, die in die Folgebewertung von Nutzungsrechten mit einbezogen werden müssen.[272] Adjustierungen beim Nutzungsrecht durch Neubewertungen der Leasingverbindlichkeit erfolgen

---

[268] Basierend auf Ausführung von (Gruber, et al., 2016 (a) S. 48)
[269] (Tesche, et al., 2016 S. 570 ff.)
[270] Kapitel 3.1.2.2
[271] (Findeisen, et al., 2016 S. 486)
[272] IFRS 16.30 (b)

dabei lediglich erfolgswirksam, sofern der Buchwert des Nutzungsrechts dadurch auf unter null sinkt.[273] In diesem Zusammenhang kann festgestellt werden, dass die entsprechenden Vorschriften einen erheblichen Mehraufwand für Unternehmen mit sich ziehen, da sowohl Dokumentationen vorzunehmen als auch neue Prozesse zu implementieren sind, um regelmäßig die Kriterien möglicher Neubewertungen von Leasingverbindlichkeiten zu überprüfen.[274]

Die Folgebewertung der Leasingverbindlichkeit stellt sich weitgehend konform mit der des IAS 17 dar.[275] So reduzieren Tilgungen („repayments") die Verbindlichkeit, während Zinsen diese erhöhen. Die bereits angesprochene Neubewertung wirkt sich ebenfalls auf die Leasingverbindlichkeit aus.[276]

Eine Neubewertung der Leasingverbindlichkeit muss hierbei stets erfolgen, falls mind. eines der folgenden Kriterien erfüllt ist:

- Änderungen der Laufzeit des Leasingverhältnisses,
- Änderung der Ausübungswahrscheinlichkeit einer Kaufoption durch den Leasingnehmer,
- Änderung der eingeschätzten Restwertgarantie oder
- Änderung zukünftiger Leasingzahlungen durch korrigierte Index- oder Zinssätze im Rahmen variabler Leasingzahlungen.[277]

Eine wesentliche Auswirkung der Folgebewertungsvorschriften des IFRS 16 liegt demnach in der beschleunigten Aufwandsverrechnung des neuen Standards.[278] Da ein Großteil der derzeitigen Leasingverhältnisse lediglich „off-balance" ausgewiesen wird, resultiert aus der Behandlung nach IFRS 16 ein sog. „front-loading-Effekt".[279] Hierbei handelt es sich um eine degressive Aufwandsverteilung über die zugrundeliegende Leasinglaufzeit, die bereits mehrfach in Stellungnahmen (Comment Letters) kritisiert wurde.

---

[273] (KPMG, 2016 S. 27 ff.)
[274] (Eckl, et al., 2016(b) S. 723)
[275] (Tesche, et al., 2016 S. 572)
[276] IFRS 16.36
[277] IFRS 16.40 i.V.m. IFRS 16.42
[278] (Eckl, et al., 2016(b) S. 723)
[279] (Gruber, et al., 2016 (a) S. 49)

Der „front-loading-Effekt" entsteht ähnlich wie beim derzeitigen Finanzierungsleasing nach IAS 17 durch die mit fortschreitender Periode abnehmende Zinslast (Zinsaufwand) bei grundsätzlich linearen Abschreibungen, sodass der periodische Gesamtaufwand bei Laufzeitbeginn weitaus höher als zu Laufzeitende des Leasingverhältnisses ausfällt.[280] Aus diesem Effekt ergeben sich zusätzlich signifikante Auswirkungen auf mehrere Erfolgs- und Finanzkennzahlen (siehe hierzu Kapitel 3.2.4).

3.2.3 Bilanzierung beim Leasinggeber

Da das Hauptziel der Reformierung der internationalen Leasingbilanzierung darin besteht, sämtliche Leasingverhältnisse in den Bilanzen der Leasingnehmer abzubilden[281], bleiben die bisherigen Vorschriften nach IAS 17 für Leasinggeber beinahe unberührt.[282] Dieser Entschluss des IASB basiert einerseits auf der Tatsache, dass ohnehin in der Bilanz von Leasinggebern je nach Klassifizierung in Operate- oder Finanzierungsleasing entweder ein Vermögenswert oder eine Forderung ausgewiesen werden, andererseits auf der Berücksichtigung von Kostenaspekten.[283] Demnach wird an dieser Stelle auf die in Kapitel 3.1.2 bis 3.1.4 bereits beschriebenen Regelungen für Leasinggeber verwiesen. Aus der daraus resultierenden divergenten Behandlung von Leasingverhältnissen zwischen Leasingnehmern und -gebern nach den IFRS 16 können sich daher zukünftig widersprüchliche bilanzielle Abbildungen, z.B. bei konzerninternen Miet- oder Unterleasingverhältnissen ergeben.[284]

Unterschiede zwischen den Standards ergeben sich hinsichtlich der Leasinggeberbilanzierung hauptsächlich in der Ausweitung der Anhangangaben sowie der bereits erläuterten problematischen Abgrenzung zwischen Leasing- und Dienstleistungsverhältnissen im

---

[280] Vgl. (KPMG, 2016 S. 2)
[281] (IASB, 2016(b))
[282] (Brune, 2016 S. 99)
[283] IFRS 16.BC58
[284] (Findeisen, et al., 2015)

Rahmen neuer Definitions- bzw. Identifizierungskriterien, die auch zukünftig für Leasinggeber zu beachten sind.[285] IFRS 16.89 – 97 geben hierbei Auskunft über die entgegen der IAS 17 deutlich spürbar ausgeweiteten Anhangangaben. Demnach müssen zukünftig zusätzlich folgende Angaben ausgewiesen werden:

- Art der Leasingverhältnisse (IFRS 16.92 (a)),
- Risikoumgang mit Restwerten (IFRS 16.92 (b)),
- Erläuterung zu wesentlichen Änderungen des Buchwerts der Nettoinvestitionen bei Finanzierungsleasings (IFRS 16.93),
- Fälligkeitsanalyse der in den nächsten fünf Jahren und darüber hinaus erhaltenen Leasingzahlungen (nicht abgezinst) sowie deren Überleitung auf korrespondierende Leasingforderungen (IFRS 16.94).[286]

Zu hinterfragen ist in diesem Rahmen der oftmals diskutierte Kosten-Nutzenaspekt der Behandlung von Leasingverhältnissen seitens der Leasinggeber nach IFRS 16. So wird einerseits auf eine weitgehende Beibehaltung der bisherigen Vorschriften plädiert[287], andererseits jedoch eine signifikante Erweiterung der Anhangangaben gefordert,[288] aus der ein nicht zu unterschätzender Mehraufwand resultiert.

---

[285] (Tesche, et al., 2016 S. 564 ff.)
[286] (Eckl, et al., 2016(b) S. 726)
[287] (KPMG, 2016 S. 47 ff.)
[288] (Gruber, et al., 2016 (a) S. 50)

3.2.4 Auswirkungen auf ausgewählte Finanzkennzahlen

Im Folgenden werden die konkreten Auswirkungen der Reformierung der Leasingbilanzierung durch IFRS 16 anhand deren Effekte auf selektive Finanzkennzahlen des primär externen Rechnungswesens erläutert. Dabei wird einerseits auf damit einhergehende Veränderungen in der Bilanz, GuV und Kapitalflussrechnung eingegangen, andererseits wird untersucht, inwieweit die beschriebenen Veränderungen zusätzliche unternehmensinterne und -externe Prozesse beeinflussen.

3.2.4.1 Verschuldungsgrad und Eigenkapitalquote

Sowohl der Verschuldungsgrad als auch die Eigenkapitalquote stellen Kapitalstrukturkennzahlen dar.[289] Als Kapitalstruktur bezeichnet man die Zusammensetzung des Gesamtkapitals aus Eigen- und Fremdkapital.[290] Demnach drücken Kapitalstrukturkennzahlen das Verhältnis dieser beiden Größen aus und werden häufig zur Bilanzanalyse von Abschlussadressaten herangezogen.

Durch die Untersuchung der Kapitalstruktur erfolgen einerseits die Analyse vorhandener Finanzierungsrisiken, andererseits die Beurteilung der Bonität im Rahmen externer Ratings.[291] In diesem Zusammenhang drückt der Verschuldungsgrad das Maß der Fremdfinanzierung eines Unternehmens aus und wird wie folgt berechnet:[292]

$$Verschuldungsgrad = \frac{Fremdkapital \times 100}{Eigenkapital}$$

Einen ähnlichen Aussagewert besitzt die Eigenkapitalquote, die sich wie folgt berechnet:[293]

---

[289] (Hutzschenreuter, 2009 S. 154)
[290] (onpulson, 2016)
[291] (Küting, et al., 2015 S. 138 ff.)
[292] (Drosse, 2014 S. 399)
[293] (Strube, et al., 2015 S. 25)

$$Eigenkapitalquote = \frac{Eigenkapital \times 100}{Gesamtkapital}$$

Generell gilt, dass sich mit steigendem Fremdkapitalanteil sowohl der Einfluss externer Stakeholder als auch das Insolvenzrisiko von Unternehmen erhöhen.[294] Demgegenüber stehen bei wachsender Fremdfinanzierung u.a. steuerliche Vorteile sowie Renditemöglichkeiten im Rahmen des Leverage-Effekts.[295]

Bezieht man in diesem Kontext nun die Auswirkungen des neuen Leasingstandards mit ein, lässt sich de lege ferenda eine signifikante Bilanzverlängerung seitens der Leasingnehmer feststellen, die sich umso stärker abzeichnet, je höher de lege lata der Anteil an Operating Leases ausfällt.[296] Dies basiert auf dem Ansatz sämtlicher in den Anwendungsbereich von IFRS 16 fallenden Leasingverhältnisse in der Bilanz der Leasingnehmer durch Aktivierung eines langfristigen Nutzungsrechts (ROU) sowie Passivierung einer korrespondierenden Verbindlichkeit[297] (siehe Abb. 24):

Aktiva		Passiva	
Langfristige VW	100	Eigenkapital	100
Kurzfristige VW	100	Verbindlichkeiten	100
Bilanzsumme	200	Bilanzsumme	200

Aktiva		Passiva	
Langfristige VW	150	Eigenkapital	100
Nutzungsrecht	50		
Kurzfristige VW	100	Verbindlichkeiten	150
		Leasingverbindlichkeit	50
Bilanzsumme	250	Bilanzsumme	250

Abb. 24: Beispielhafte Darstellung einer Bilanzverlängerung beim Leasingnehmer durch Anwendung von IFRS 16[298]

Vor allem in der Luftfahrtindustrie mit einem Anteil von über 22,7% außerbilanziellen Operating-Leases (siehe Abb. 2) werden nach IFRS

---

[294] (Preißler, 2008 S. 126)
[295] (Küting, et al., 2015 S. 140 ff.); Für nähere Erläuterungen zur Gestaltung der optimalen Kapitalstruktur vgl. (Brealey, et al., 2014 p. Part 5)
[296] (Eckl, et al., 2016(a) S. 664)
[297] (Heyd, et al., 2015 S. 465)
[298] Eigene Darstellung

erstellte Jahresabschlüsse signifikant durch den Effekt der Bilanzverlängerung beeinflusst.

Wie bereits angedeutet führen durch Fremdkapital verursachte Bilanzverlängerungen zu einigen negativen Folgeeffekten für betroffene Unternehmen. So wird häufig kritisiert, dass sich durch Anwendung des neuen Standards zukünftige Ratings externer Kreditgeber teilweise drastisch verschlechtern, da durch eine sinkende Eigenkapitalquote bzw. einen steigenden Verschuldungsgrad die Bonität beeinträchtigt wird.[299] Je schlechter generell das Rating eines Unternehmens ausfällt, desto höher wird dessen Ausfallwahrscheinlichkeit im Sinne einer zukünftigen Zahlungsunfähigkeit bewertet, wodurch sich wiederum bspw. Zinskonditionen oder Covenants-Klauseln für Leasingnehmer nachteilig entwickeln können.[300] In diesem Zusammenhang supponieren jedoch einige Expertenmeinungen eine gegenteilige Sachlage. Demnach würden Banken und andere Kreditgeber bereits gegenwärtig die Auswirkungen derzeitig in den Anhangangaben ausgewiesener Operating-Leasingverhältnisse von Kreditnehmern berücksichtigen, wonach sich zukünftig keine Änderungen bei Kreditvergabeentscheidungen ergeben dürften.[301] Ob sich diese Annahme jedoch in nächster Zeit bestätigen wird, bleibt abzuwarten.

3.2.4.2 Anlagenintensität und Anlagendeckungsgrad

Durch den „on-balance-Ausweis" sämtlicher Leasingverhältnisse im Rahmen der IFRS 16 und der damit einhergehenden Bilanzverlängerung verändert sich ebenfalls die Anlagenintensität betroffener Unternehmen. Auch hier gilt, dass die Auswirkungen auf die Kennzahl umso stärker ausfallen, je höher de lege lata der Anteil bestehender Operating-Leases beim Leasingnehmer ist.

---

[299] (Bausch, et al., 2015 S. 2343)
[300] (Schmitt, 2016 S. 39)
[301] Vgl. (Bausch, et al., 2015 S. 2344 ff.)

Die Kennzahlen werden dabei wie folgt berechnet:[302]

$$\text{Anlagenintensität} = \frac{\text{Langfristiges Vermögen}}{\text{Bilanzsumme}}$$

Die Anlagenintensität drückt aus, wie flexibel ein Unternehmen auf unterschiedliche Beschäftigungsgrade bzw. konjunkturelle Auftragslagen reagieren kann.[303] Generell gilt, je mehr langfristiges Vermögen vorhanden ist, desto mühsamer kann ein Unternehmen im Zuge erschwerter Liquidierbarkeit von Vermögenswerten und Fixkostenbelastungen durch langfristiges Vermögen auf Marktveränderungen reagieren.[304] Da hinsichtlich der Bilanzreformierung durch IFRS 16 stets ein Nutzungsrecht auf der Aktivseite der Leasingnehmerbilanz ausgewiesen werden muss, ist zukünftig mit einem Anstieg der Anlagenintensität zu rechnen.[305]

Eine weitere Kennzahl, die negativ von den Auswirkungen der Leasingreformierung beeinflusst wird, ist der Anlagendeckungsgrad. Hierbei handelt es sich in der Bilanzanalyse im Rahmen der „Goldenen Bilanzregel"[306] um einen Indikator, mit dem angezeigt wird, inwieweit ein Unternehmen solide finanziert ist.[307] Als solide gilt eine Unternehmensfinanzierung grundsätzlich, sofern langfristiges Vermögen ausschließlich durch langfristiges Kapital gedeckt ist.[308] Die Kennzahl wird dabei wie folgt berechnet:[309]

$$\text{Anlagendeckungsgrad I} = \frac{\text{Eigenkapital} \times 100}{\text{Anlagevermögen}}$$

Da alle im Anwendungsbereich der IFRS 16 liegenden Leasingverhältnisse im Rahmen eines Nutzungsrechts als langfristige Vermögenswerte auf der Aktivseite der Leasingnehmerbilanz angesetzt

---

[302] (Drosse, 2014 S. 394)
[303] (Muszalik, 2005 S. 6)
[304] (Weber, 2006 S. 29)
[305] (Heyd, et al., 2015 S. 476)
[306] (Erichsen, 2010 S. 232)
[307] (Krause, 2016 S. 99)
[308] (Haunerdinger, et al., 2006 S. 169); Zu beachten sind hierbei unterschiedliche Ziel-bzw. Richtwerte, die je nach Branchen variieren können (vgl. (Preißler, 2008 S. 131).
[309] (Wünsche, 2009 S. 217)

werden, steigt demnach das Anlagevermögen bzw. langfristige Vermögen, wodurch wiederum der Anlagendeckungsgrad sinkt. Ein niedriger Anlagendeckungsgrad[310] gilt generell als Indikator für zukünftige Liquiditätsengpässe sowie Investitionsrückgänge bzw. -stillstände.[311]

3.2.4.3 EBT, EBIT und EBITDA

Um die Erfolgslage bzw. Rentabilität von Unternehmen möglichst exakt bestimmen sowie anhand von Zeiträumen oder anderen Marktteilnehmern vergleichen zu können, bedarf es festliegender Erfolgskennzahlen. Hierfür kommen regelmäßig in Jahresabschlüssen die Größen EBT (Earnings before Taxes), EBIT (Earnings before Interests and Taxes) sowie EBITDA (Earnings before Interests, Taxes, Depreciation and Amortisation) zum Einsatz, an denen sowohl unternehmensinterne als auch -externe Stakeholder großes Interesse besitzen.[312] Obwohl weder in der Wirtschaftstheorie noch in der Praxis einheitliche Berechnungsregelungen dieser Kennzahlen existieren[313], soll das nachfolgende Gliederungsschema die in der Praxis am häufigsten verwendete Methode zur Bestimmung der Erfolgsgrößen darstellen:

---

[310] Der Anlagendeckungsgrad lässt sich um zwei weitere Grade, II und III, unter Einbeziehung des langfristigen Fremdkapitals sowie langfristig gebundenen Umlaufvermögens, erweitern. Aus Gründen der Verdeutlichung werden die Erweiterungen jedoch an dieser Stelle nicht ausführlicher berücksichtigt.
[311] (Preißler, 2008 S. 131)
[312] (Krause, et al., 2010 S. 35 ff.)
[313] (Brösel, 2014 S. 187)

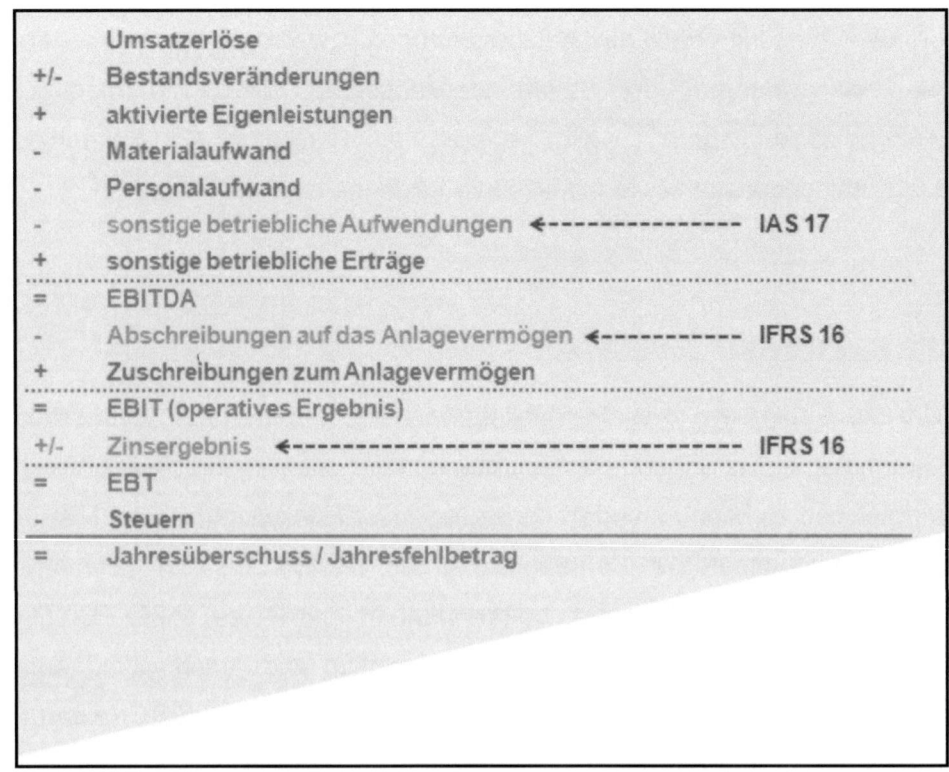

Abb. 25: Gliederungsschema der Gewinn- und Verlustrechnung nach Gesamtkostenverfahren im Rahmen der Erfolgsgrößenberechnung[314]

Die sog. „Earnigs-Before-Kennzahlen" besitzen in der Praxis zur Messung und Vergleichbarkeit des Erfolgs und der Rentabilität eine hohe Relevanz, da sie weitgehend unabhängig von bilanzpolitischen Manipulationen sind.[315]

Somit kommt ebenfalls der nachfolgend erläuterten Auswirkung der Reformierung der Leasingbilanzierung nach IFRS 16 auf die genannten Erfolgsgrößen eine große Bedeutung zu. Zwei Faktoren sind dabei maßgeblich für die Beeinflussung der oben beschriebenen Kennzahlen verantwortlich. So wirkt sich einerseits der bereits erwähnte „front-load-Effekt" auf das EBT, EBIT und EBITDA aus, andererseits die Aufteilung der Leasingaufwendung in eine Abschreibung (auf das Nutzungsrecht) sowie eine Zinsaufwendung der Leasingverbindlichkeit.[316] Wie in Abb. 25 verdeutlicht wird, gelten Mietaufwendungen (sonstige betriebliche

---

[314] Vgl. Gliederung der Konzern-GuV; (Lufthansa AG, 2015 S. 112)
[315] (Brösel, 2014 S. 187)
[316] (Tesche, et al., 2016 S. 573)

Aufwendungen) aus Operate-Leasingverhältnissen nach IAS 17 als Bestandteil des operativen Ergebnisses der GuV, während Abschreibungs- und Zinsaufwendungen aus Leasingverhältnissen nach IFRS 16 das operative Ergebnis in unterschiedlicher Weise beeinflussen.[317] Demnach erfahren sowohl das EBITDA als auch EBIT einen nicht unerheblichen Anstieg durch die Behandlung nach IFRS 16, wohingegen das EBT und der Jahresüberschuss bzw. -fehlbetrag zu Beginn der Laufzeit sinken und erst im weiteren Verlauf wieder deren Referenzwerte nach IAS 17 übersteigen.

Festzuhalten sind ebenfalls unternehmensinterne Anreizvergütungen von Führungskräften und Vorständen, die u.a. an die Entwicklung des EBITDA und EBIT gekoppelt sind, wodurch zukünftig die Möglichkeit besteht, unverhältnismäßig hohe Boni an entsprechende Manager und Mitarbeiter auszuzahlen. Zudem sind die im Rahmen multiplikatorbasierter Unternehmensbewertungen genannten Entwicklungen der Erfolgsgrößen zu berücksichtigen.[318] Ebenfalls zu beachten sind zukünftige Änderungen in der Kapitalflussrechnung, wonach de lege lata sämtliche Leasingaufwendungen (Operating-Leases) in den Cashflow aus der betrieblichen Tätigkeit einfließen, de lege ferenda jedoch auf Tilgung entfallende Zinsaufwendungen sich auf den Cashflow aus Finanzierungstätigkeit auswirken.[319]

3.2.4.4 Weitere Kennzahlen

Durch den umfangreichen Auswirkungsbereich der Leasingreformierung nach IFRS 16 erfolgen neben der Beeinflussung der bereits genannten Kapitalstruktur- sowie Erfolgsgrößen weitere Einwirkungen auf Finanzkennzahlen, die ebenfalls in der Praxis eine hohe Relevanz besitzen.

---

[317] (Gruber, et al., 2016 (a) S. 48)
[318] (Eckl, et al., 2016(a) S. 664)
[319] (IASB, 2016(a) S. 50 ff.)

Eine bemerkenswerte Veränderung tritt in diesem Rahmen bei der Umsatzrentabilität sowie dem Return on Investment (ROI) auf. So nimmt aufgrund des steigenden EBIT ebenfalls die Umsatzrentabilität betroffener Unternehmen zu, während infolge des „front-load-Effekts" der ROI zu Laufzeitbeginn sinkt. Dies basiert auf dem diametralen Verlauf der beiden Erfolgsgrößen in den anfänglichen Perioden von Leasingverhältnissen nach IFRS 16. Demnach fällt der Jahresüberschuss (Zählergröße des ROI) gegenüber dem EBIT (Zählergröße der Umsatzrendite) aufgrund hoher Finanzaufwendungen zu Laufzeitbeginn niedriger aus, während parallel dazu die Bilanzsumme (Nenner des ROI) einen Anstieg erfährt.[320]

Als weitere Renditekennzahl ist die Eigenkapitalrentabilität erwähnenswert, die hinsichtlich steigender „Earnings-before-Größen" eine positive Beeinflussung erfährt. Durch die häufig in der Praxis anzutreffende Nutzung des EBT oder Jahresüberschuss (JÜ) als Zählergröße, fallen Beeinflussungen jedoch eher gering ins Gewicht.

Die v.a. in handelsintensiven Branchen häufig verwendete Kennzahl des Working Capitals fällt ebenfalls, wenn auch weniger signifikant, in den Auswirkungsbereich der Leasingreform. Aufgrund der in IFRS 16.5 (a) genannten, vom Anwendungsbereich ausgeschlossenen sog. „small-ticket-leases", sind hinsichtlich einer Beeinflussung des Working Capital ohnehin Leasingverhältnisse mit einer Laufzeit von über 12 Monaten von Bedeutung. Insofern kommt es lediglich unter Einbezug bzw. Berücksichtigung mittelfristiger Verbindlichkeiten zu Auswirkungen auf diese Kennzahl.[321]

Auswirkungen auf die Liquiditätsgrade I – III besitzen eine unwesentliche Relevanz, da Nutzungsrechte stets im langfristigen Vermögen sowie korrespondierende Leasingverbindlichkeiten grundsätzlich als langfristiges Fremdkapital zu bilanzieren sind. Die im Rahmen der Liquiditätsgrade betroffenen Positionen sind hingegen lediglich Inhalte des Umlaufvermögens sowie kurzfristigen Fremdkapitals.

---

[320] Siehe Anhang 6.3b

[321] Mittelfristigem Fremdkapital wird i.d.R. eine Fristigkeit von vier bis fünf Jahren unterstellt (vgl. (Vahs, et al., 2007 S. 735))

Weitere Untersuchungen können ebenfalls im Rahmen der kapitalwertbasierten Unternehmensbewertung vorgenommen werden. So resultieren aufgrund einer steigenden Verschuldung ebenfalls Veränderungen in den Nennergrößen (bspw. Anstieg des WACC oder der Beta-Faktoren), während Zählergrößen („Free-Cashflow", „Total-Cashflow", „Flow-to-Equity") [322] differierend beeinflusst werden.

Dieses Kapitel stellt lediglich einen Auszug möglicher Auswirkungen auf unterschiedliche in der Praxis eine hohe Relevanz besitzende Kennzahlen dar. Es wird dadurch verdeutlicht, wie umfangreich zukünftige Auswirkungen der Leasingreformierung auf Jahresabschlüsse betroffener Unternehmen sein können. V.a. Unternehmen mit einem hohen Anteil von Operate-Leasingverhältnissen sollten sich bereits frühzeitig mit den Konsequenzen einer Umstellung auf IFRS 16 beschäftigen.

3.2.5 Kritische Würdigung

Im Folgenden soll erläutert werden, ob die Reformbestrebungen hinsichtlich der in 3.1.5 genannten Kritikpunkte des IAS 17 geglückt sind oder ob weiterhin Nachholbedarf bzw. Verbesserungspotenzial am neuen Leasingstandard besteht.

Anhand des in den vorangegangenen Kapiteln dargebotenen Gesamtumfangs des IFRS 16 wird deutlich, dass die intendierte Komplexitätsreduktion der Abbildung von Leasingverhältnissen in Jahresabschlüssen nicht erreicht wurde.[323] So stellen vor allem subtile Ansatz- und Bewertungsvorschriften sowie ausgedehnte Anhangangaben Fachkräfte wie auch Abschlussprüfer zukünftig vor große Herausforderungen. In diesem Rahmen ist ebenfalls der vom IASB erwähnte Kosten-Nutzen-Aspekt[324] kritisch zu hinterfragen, der durch an Komplexität zunehmende Neuregelungen des Standards in den

---

[322] Zu Untersuchen wären in diesem Rahmen bspw. Auswirkungen auf das „Tax-Shield" bei der Berechnung des Free-Cash-Flow gegenüber einem laut IASB unverändertem Total-Cash-Flow (vgl. (IASB, 2016(a) S. 50)
[323] (Gruber, et al., 2016 (a) S. 49)
[324] (IASB, 2016(a) S. 5)

Hintergrund gerät. Dem vom IASB genannten Nutzen durch entfallende Adjustierungen des Jahresabschlusses hinsichtlich enthaltener Leasingverhältnisse und bessere Vergleichbarkeit steht ein deutlich überwiegender Umsetzungs- bzw. Anwendungsaufwand der Vorschriften gegenüber.

Zwar gelingt es durch den IFRS 16 grundsätzlich alle Leasingverhältnisse in den Jahresabschlüssen der Leasingnehmer auszuweisen[325], jedoch fehlt auch hier eine konsequente Ausrichtung der Regelungen. So bieten die vom Anwendungsbereich ausgeschlossenen Ausnahmen des IFRS 16.5[326] sowie Gestaltungen zukünftiger Vereinbarungen als Dienstleistungsverträge weiterhin erhebliche Ermessensspielräume.[327] Ferner sind hinsichtlich möglicher „off-balance-Gestaltungen" quasi-fixe sowie variable Leasingzahlungen zu nennen, deren Abgrenzungs- und Ermessensspielräume in 3.2.2.1 erläutert werden.

Zweifelsohne gilt der IFRS 16 als ein Standard mit unverkennbar hohem Potenzial an „Sprengstoff" für zukünftige Jahresabschlüsse einiger Anwender.[328] Die in 3.2.4 beschriebenen Auswirkungen bieten dabei einen theoretischen Überblick, wie umfänglich die Auswirkungen einer Umstellung auf den neuen Standard auf hochrelevante Finanzkennzahlen sein können, die zumeist negativ beeinflusst werden. Hierin kann u.a. die teilweise starke Ablehnung der Leasingreformierung seitens der Unternehmen begründet werden.

Neben den bereits genannten fachlichen sind zusätzlich prozessuale Hürden der Einführung des IFRS 16 zu erwähnen. Demnach sind v.a. für Erstanwender mit einem aktuell hohen Aufkommen von Operate-Leasingverhältnissen umfängliche Datenerfassungen vorzunehmen. Da betroffene Unternehmen bisher keiner Pflicht zur Feststellung bestimmter Rahmendaten wie bspw. Leasingdauer, Kauf- und Kündigungsoptionen sowie weiterer für die Bemessung zukünftiger Leasingraten notwendiger

---

[325] (Piesbergen, et al., 2015 S. 834)
[326] „small-ticket" und „low-value" Leasingverhältnisse
[327] (Bausch, et al., 2015 S. 2344); siehe Kapitel 3.2.1
[328] (DIRK e.V., 2013)

Kriterien unterlagen, ist demnach bevorstehend mit einem erheblichen zusätzlichen Aufwand zu rechnen.[329]

Letztendlich ist die nach wie vor bestehende Divergenz zu den amerikanischen US-GAAP aufzuführen, die trotz aller Neugestaltungen der Leasingbilanzierung innerhalb des zehnjährigen Konvergenzprojekts bestehen bleibt.[330] Die Abweichungen der beiden Rechnungslegungsvorschriften liegen v.a. in der unterschiedlichen Aufwandserfassung, Bewertung der aktivierten Nutzungsrechte sowie einem divergierenden Ausweis in der Kapitalflussrechnung.[331] Das langfristige Ziel eine Annährung der internationalen an amerikanische Rechnungslegungsvorschriften herzustellen[332], ist demnach hinsichtlich der Leasingreformierung nicht vollzogen.

---

[329] (Eckl, et al., 2016(a) S. 665)
[330] IFRS 16.BC303 ff.
[331] (Eckl, et al., 2016(a) S. 662)
[332] (Deloitte, 2016(b))

3.3 Fallstudie: Auswirkungen der Anwendung von IFRS 16 am Beispiel der europäischen Luftfahrtindustrie

3.3.1 Forschungsdesign

Die nachfolgende Studie untersucht die in den bisherigen Kapiteln umfassend erläuterten Auswirkungen der Leasingreformierung nach IFRS 16 anhand einer Effektsimulation auf Konzernabschlüsse unterschiedlicher einflussreicher Unternehmen der europäischen Luftfahrtindustrie. Demnach wird analysiert, inwieweit die in der Theorie dargebotenen Annahmen und Thesen bei einer praktischen Anwendung der Rechnungslegungsvorschriften verifiziert werden können. Hierbei stehen besonders die in Kapitel 3.2.4 aufgeführten Kennzahlen hinsichtlich des Forschungsergebnisses im Fokus.

Zur Durchführung der Studie wurde eine Stichprobe von drei Unternehmen aus einer Grundgesamtheit von 15 einflussreichen europäischen Fluggesellschaften gezogen. Die Grundgesamtheit basiert auf Datenerhebungen einer aktuellen Statistik, aus der anhand eines Rankings autoritativer europäischer Luftfahrtunternehmen, die auf die jeweiligen Gesellschaften verteilte Anzahl von Passagieren im Jahr 2015 hervorgeht (siehe Abb. 26).

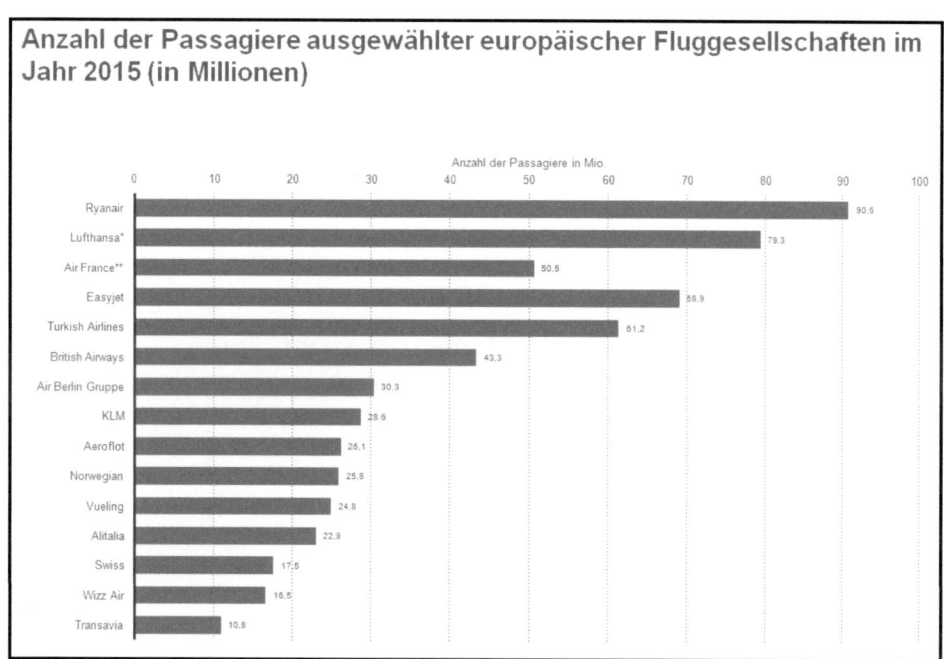

Anzahl der Passagiere ausgewählter europäischer Fluggesellschaften im Jahr 2015 (in Millionen)

Abb. 26: Ranking der größten europäischen Fluggesellschaften anhand der Anzahl der im Jahr 2015 transportierten Passagiere[333]

Als Stichprobe wurden zwei deutsche Fluggesellschaften (Lufthansa AG und Air Berlin PLC & Co. Luftverkehrs KG) sowie ein irisches Luftfahrtunternehmen (Ryanair Ltd.) ausgewählt, die ihren Konzernabschluss nach IFRS erstellen.

Die Durchführung der Fallstudie wird grundsätzlich in die folgenden drei Prozessschritte unterteilt:

1. Ermittlung des unternehmensinternen Zinsfußes
2. Ermittlung der Summe der Barwerte der Leasingzahlungen
3. Adjustierung der Geschäftsberichte und Kennzahlen

Für eine adäquate Untersuchung der Anwendungskonsequenzen der neuen Rechnungslegungsvorschriften nach IFRS 16 auf die Konzernabschlüsse und genannten Kennzahlen erfolgt zu Anfang die Ermittlung des jeweiligen unternehmensinternen Zinsfußes der zu analysierenden Gesellschaft. Da de lege lata weder die in Leasingverträgen vereinbarten Zinssätze noch

---

[333] (Statista, 2015)

Grenzfremdkapitalzinssätze des Leasingnehmer in Konzernanhängen angegeben werden (müssen), erfolgt die Ermittlung des Diskontierungszinses anhand einer manuellen Berechnung der periodisierten Barwerte bestehender Finanzierungs-Leasingverhältnisse (siehe Abb. 27).

	A	B	C	D	E	F	G	H	I
1	IZF	5,75%							
3	in Mio. EUR	2016	2017	2018	2019	2020	2021	2022	Summe
4	Leasingzahlungen	102	75	75	75	75	75	56	534
5	Barwerte (Geschäftsbericht)	96	←			253	←	87	436
6	Barwerte (Kalkulation)	96	67	64	60	57	54	38	436
7									
8							Zielwertsuche		
9									
10							Zielzelle:	I6	
11	in Mio. €		2016	2017–2020	ab 2021		Zielwert:	436	
12							Veränderbare Zelle:	B1	
13	Leasingzahlungen		102	301	131		OK	Abbrechen	
14	Abzinsungsbeträge		6	48	44				
15	Barwerte		96	253	87				
16									
17	Quelle: Geschäftsbericht Lufthansa AG 2015								

Abb. 27: Ermittlung des internen Zinsfußes durch Zielwertsuche[334]

Da gem. IAS 17.31 (b) für bestehende Finanzierungsleasing-Verhältnisse sowohl Nennwerte als auch Barwerte zukünftiger Mindestleasingzahlungen anzugeben sind, lässt sich anhand dieser Vorgaben durch Zielwertsuche der unternehmensinterne Zinsfuß bestimmen. Da jedoch in Konzernanhängen lediglich für die gem. IAS 17.31 (b) (i) – (iii) vorgegebenen Zeiträume kumulierte Werte ausgewiesen werden müssen, wird im Rahmen der Studie eine lineare Verteilung der Mindestleasingzahlungen ab der zweiten Laufzeitperiode unterstellt. Diese setzt sich fort, bis schließlich die Summe der angegebenen Leasingzahlungen aus dem jeweiligen Geschäftsbericht in der letzten Periode erreicht wird (vgl. Abb. 27).

Sobald der unternehmensinterne Zinsfuß bekannt ist, kann dieser anschließend mithilfe der gleichen Methodik zur Berechnung der periodisierten Barwerte der Mindestleasingzahlungen aus Operating-Leasingverhältnissen genutzt werden (siehe Abb. 28).

---

[334] Eigene Darstellung

IZF	10,76%							
in TEUR	2016	2017	2018	2019	2020	2021	2022	Summe
Leasingzahlungen Summe	655.921	529.628	529.628	529.628	529.628	529.628	482.724	3.786.786
Barwerte (Kalkulation)	592.183	431.698	389.749	351.876	317.683	286.813	236.010	2.606.011

OPERATING-LEASES

Die Gruppe least eine Vielzahl an Flugzeugen, Triebwerken, Grundstücken und Gebäuden sowie sonstiges Vermögen. Die Vereinbarungen wurden als Operating-Leases eingestuft. Die Leasingverträge verfügen über eine Laufzeit im Schnitt von 11 Jahren und enden grundsätzlich mit Ablauf der Vertragslaufzeit. Das Ende der Laufzeit dieser Verträge liegt zwischen 2015 und 2029 mit Verlängerungsoption. Aus den Leasingverträgen ergeben sich keine Beschränkungen für den Leasingnehmer.

Aus unkündbaren Leasingverhältnissen ergeben sich die folgenden künftigen Mindestleasingraten:

TEUR	2015	2014
Bis zu einem Jahr	**655.921**	523.105
Zwischen einem und fünf Jahren	**2.118.513**	1.703.253
Mehr als fünf Jahre	**1.012.352**	712.103
	3.786.786	2.938.461

Es sind in der Berichtsperiode keine bedingten Leasingzahlungen erfasst worden.

Während des Berichtszeitraumes, endend am 31. Dezember 2015, sind Zahlungen aus Operating-Leases in Höhe von 499.804 EUR (2014: 448.673 EUR) als Aufwand in der Gewinn-und-Verlust-Rechnung erfasst worden.

Quelle: Geschäftsbericht Air Berlin PLC & Co. Luftverkehrs KG 2015

Abb. 28: Ermittlung der Barwertsumme der Operate-Leasingzahlungen[335]

Auch in diesem Schritt wird eine periodisch lineare Verteilung der Leasingzahlungen aus bestehenden Operate-Leasingverhältnissen angenommen, um einen möglichst annuitätischen Zahlungsverlauf zu modellieren. Ebenfalls wird im Rahmen der Fallstudie ein vollständiger Ansatz aller derzeit bestehenden Operate-Leasingvereinbarungen gem. IFRS 16 vorausgesetzt, wonach bspw. „small-ticket" oder „low-value" Leases sowie zusätzliche Kauf- oder Verlängerungsoptionen keine Berücksichtigung erfahren. Demnach besteht die Möglichkeit, dass angegebene Erfolgsgrößen und -quoten höhere Auswirkungen aufweisen, als realiter anzunehmen ist. Zwar richtet sich die Effektsimulation grundsätzlich nach den in Geschäftsberichten allgemein angegebenen Laufzeiten, jedoch dienen diese aufgrund der oben genannten Methodik der periodisch linearen Zahlungsaufteilung hauptsächlich als Referenzwert und spielen damit in der Simulation eine untergeordnete Rolle.

Die ermittelte Barwertsumme zukünftiger Mindestleasingzahlungen aus bestehenden Operate-Leasingverhältnissen dient anschließend als anzusetzender Wert für das Nutzungsrecht auf der Aktivseite sowie als Leasingverbindlichkeit auf der Passivseite der jeweiligen Konzernbilanz. Hierbei wird entgegen den in Abb. 22 veranschaulichten

[335] Eigene Darstellung

Ansatzvorschriften davon ausgegangen, dass der Wert des Nutzungsrechts exakt der Leasingverbindlichkeit entspricht, sodass bspw. zusätzlich anfängliche direkte Kosten oder Vorauszahlungen auszuschließen sind (vgl. Abb. 29).

Adjustierung des Konzernabschlusses von AirBerlin — Diskontierungszinssatz: 10,76% — Ø Laufzeit (Jahre): 7

In TEUR			Jahr 0	Jahr 1	Jahr 2	Jahr 3	Jahr 4	Jahr 5	Jahr 6	Jahr 7	Summe
IFRS 16	Bilanz	Leasingobjekt	2.606.011	2.233.724	1.861.436	1.489.149	1.116.862	744.575	372.287	0	
		Leasingverbindlichkeit	2.606.011	2.230.580	1.941.034	1.620.323	1.265.093	871.629	435.816	0	
		Tilgung	0	375.431	289.546	320.711	355.230	393.464	435.813	435.816	
	GuV	Abschreibung	0	372.287	372.287	372.287	372.287	372.287	372.287	372.287	
		+ Zinsaufwand	0	280.490	240.082	208.917	174.399	136.164	93.815	46.908	
		Leasingaufwand	0	652.777	612.369	581.205	546.686	508.452	466.102	419.195	3.786.786
		Verteilung Leasingaufwand	0,00%	17,24%	16,17%	15,35%	14,44%	13,43%	12,31%	11,07%	

Adjustierung der Bilanzen gem. Anwendung IFRS 16

Aktiva

in TEUR	2015	Adj.	2015 adj.	2016 adj.	2017 adj.	2018 adj.	2019 adj.	2020 adj.	2021 adj.	2022 adj.
Nutzungsrecht		2.606.011	2.606.011	2.233.724	1.861.436	1.489.149	1.116.862	744.575	372.287	0
Langfristige Vermögenswerte	700.052		3.306.063	2.933.776	2.561.488	2.189.201	1.816.914	1.444.627	1.072.339	700.052
Kurzfristige Vermögenswerte	718.369		718.369	718.369	718.369	718.369	718.369	718.369	718.369	718.369
Bilanzsumme	1.418.421		4.024.432	3.652.145	3.279.857	2.907.570	2.535.283	2.162.996	1.790.708	1.418.421

Passiva

in TEUR	2015	Adj.	2015 adj.	2016 adj.	2017 adj.	2018 adj.	2019 adj.	2020 adj.	2021 adj.	2022 adj.
Eigenkapital	-799.386		-799.386	-796.242	-878.983	-930.560	-947.617	-926.441	-862.915	-799.386
Leasingverbindlichkeit		2.606.011	2.606.011	2.230.580	1.941.034	1.620.323	1.265.093	871.629	435.816	0
Langfristiges Fremdkapital	1.091.900		3.697.911	3.322.480	3.032.934	2.712.223	2.356.993	1.963.529	1.527.716	1.091.900
Kurzfristiges Fremdkapital	1.125.907		1.125.907	1.125.907	1.125.907	1.125.907	1.125.907	1.125.907	1.125.907	1.125.907
Bilanzsumme	1.418.421		4.024.432	3.652.145	3.279.857	2.907.570	2.535.283	2.162.996	1.790.708	1.418.421
Veränderung Bilanzsumme			183,73%	157,48%	131,23%	104,99%	78,74%	52,49%	26,25%	0,00%

Abb. 29: Ansatz und Folgebewertung des Nutzungsrechts und der Leasingverbindlichkeit[336]

Die Folgebewertung des Nutzungsrechts geschieht durch lineare Abschreibung des Vermögenswerts über die Leasinglaufzeit. Wie in den vorangegangenen Kapiteln wird die Leasingverbindlichkeit hinsichtlich der Folgebewertung in einen erfolgsneutralen Tilgungs- sowie einen erfolgswirksamen Zinsanteil separiert. Dabei gelten im Rahmen der Fallstudie folgende Prämissen:

- Tilgung = Leasingzahlung - Zinsaufwand
- Zinsaufwand = Bestehende (Rest-)Leasingverbindlichkeit * Zinsfuß

Aufgrund des weitgehend annuitätischen Verlaufs der Leasingzahlungen sind mit fortlaufender Periode ein Anstieg der Tilgungen sowie ein Rückgang der Zinsaufwendungen zu beobachten.[337]

336 Eigene Darstellung
337 Dies spiegelt den sog. front-load-Effekt wieder.

Hieran erfolgt eine Adjustierung der jeweiligen GuV anhand der relevanten Positionen. Demnach werden einerseits derzeit bestehende Operate-Lease-Zahlungen aus dem operativen Ergebnis (EBITDA bzw. EBIT) exkludiert[338], andererseits Abschreibungen auf das Nutzungsrecht sowie Zinsaufwendungen aus Leasingverbindlichkeiten gem. IFRS 16 als zusätzliche Aufwendungen in die Rechnung einbezogen (siehe Abb. 30). Die Berechnung der Erfolgsgrößen basiert dabei auf dem in Abb. 25 veranschaulichten Kalkulationsschema.

Adjustierung des Konzernabschlusses von Luf - Diskontierungszinssatz 5,75% - Ø Laufzeit (Jahre): 13

in Mio. EUR

IFRS 16		Jahr 0	Jahr 1	Jahr 2	Jahr 3	Jahr 4	Jahr 5	Jahr 6	Jahr 7	Jahr 8	Jahr 9	Jahr 10	Jahr 11	Jahr 12	Jahr 13
Bilanz	Leasingobjekt	3.819	3.525	3.232	2.938	2.644	2.350	2.057	1.763	1.469	1.175	881	588	294	0
	Leasingverbindlichkeit	3.819	3.571	3.336	3.087	2.824	2.546	2.265	1.993	1.705	1.401	1.080	740	380	0
GuV	Tilgung	0	249	235	249	263	278	282	272	288	304	321	340	359	380
	Abschreibung	0	294	294	294	294	294	294	294	294	294	294	294	294	294
	+ Zinsaufwand	0	219	205	192	177	162	146	130	114	98	81	62	43	22
	Leasingaufwand	0	513	499	485	471	456	440	424	408	392	374	356	336	316
	Verteilung Leasingaufwand	0,00%	8,30%	8,12%	8,27%	8,61%	8,14%	8,04%	7,73%	7,46%	7,16%	6,84%	6,50%	6,13%	5,77%

Adjustierung der Gewinn- und Verlustrechnungen gem. Anwendung IFRS 16

in Mio. EUR

		2015	Adj.	2015 adj.	2016 adj.	2017 adj.	2018 adj.	2019 adj.	2020 adj.	2021 adj.	2022 adj.	2023 adj.	2024 adj.	2025 adj.	2026 adj.	2027 adj.	2028 adj.
Umsatzerlöse		32.056		32.056	32.056	32.056	32.056	32.056	32.056	32.056	32.056	32.056	32.056	32.056	32.056	32.056	32.056
Bestandsveränderung & aktivierte Eigenleistungen	+/-	203		203	203	203	203	203	203	203	203	203	203	203	203	203	203
sbE	+	2.832		2.832	2.832	2.832	2.832	2.832	2.832	2.832	2.832	2.832	2.832	2.832	2.832	2.832	2.832
Materialaufwand	-	17.640		17.640	17.640	17.640	17.640	17.640	17.640	17.640	17.640	17.640	17.640	17.640	17.640	17.640	17.640
Personalaufwand	-	8.075		8.075	8.075	8.075	8.075	8.075	8.075	8.075	8.075	8.075	8.075	8.075	8.075	8.075	8.075
Operate-Lease-Zahlungen	+		*0*	*0*	*468*	*440*	*440*	*440*	*440*	*438*	*402*	*402*	*402*	*402*	*402*	*402*	*402*
sbA	-	6.106		6.106	5.638	5.666	5.666	5.666	5.666	5.678	5.704	5.704	5.704	5.704	5.704	5.704	5.704
EBITDA	=	3.270		3.270	3.738	3.710	3.710	3.710	3.710	3.698	3.672	3.672	3.672	3.672	3.672	3.672	3.672
Abschreibung Nutzungsrecht	-		*0*	*0*	*294*	*294*	*294*	*294*	*294*	*294*	*294*	*294*	*294*	*294*	*294*	*294*	*294*
Abschreibungen langfr. VW	-	1.715		1.715	1.715	1.715	1.715	1.715	1.715	1.715	1.715	1.715	1.715	1.715	1.715	1.715	1.715
EBIT	=	1.555		1.555	1.729	1.701	1.701	1.701	1.701	1.689	1.663	1.663	1.663	1.663	1.663	1.663	1.663
Zinsaufwand gem. IFRS 16	-		*0*	*0*	*219*	*205*	*192*	*177*	*162*	*146*	*130*	*114*	*98*	*81*	*62*	*43*	*22*
Finanzergebnis	+/-	471		471	252	266	279	294	309	325	341	357	373	390	409	428	449
EBT	=	2.026		2.026	1.981	1.967	1.981	1.995	2.010	2.014	2.004	2.020	2.036	2.054	2.072	2.092	2.112
Ertragsteuern	-	304		304	297	295	297	299	302	302	301	303	306	308	311	314	317
EAT/JÜ	=	1.722		1.722	1.684	1.672	1.684	1.696	1.709	1.712	1.703	1.717	1.731	1.746	1.761	1.778	1.795

Abb. 30: Adjustierung der GuV im Rahmen einer Anwendung von IFRS 16[339]

Letztendlich werden die im Rahmen einer Anwendung von IFRS 16 notwendigen Anpassungen in der Kapitalflussrechnung der Unternehmen vorgenommen. Folglich werden hinsichtlich der Berechnung des operativen Cashflows einerseits Ausgaben für Operate-Leases als auch Abschreibungen des Nutzungsrechts zahlungswirksam berücksichtigt. Andererseits werden hinsichtlich der Ermittlung des Cashflows aus Finanzierungstätigkeit Tilgungs- und Zinsausgaben einbezogen (siehe Abb. 31).

---

[338] Es kommt vor, dass Mietaufwendungen aus Operate-Leasingverhältnissen Bestandteil des Sammelpostens der sonstigen betrieblichen Aufwendungen der GuV sind (vgl. Fallstudie Lufthansa und Air Berlin). Demnach wird deren Anteil aus dem GuV-Posten „sbA" (sonstige betriebliche Aufwendungen) heraus gerechnet.
[339] Eigene Darstellung

Abb. 31: Adjustierung der Kapitalflussrechnung im Rahmen einer Anwendung von IFRS 16[340]

3.3.2 Forschungsergebnisse

Insgesamt bestätigt die Auswertung der Ergebnisse der Fallstudie die in den vorhergehenden Kapiteln dargebotenen Thesen und Annahmen. Eine Zusammenfassung der Ergebnisse kann den Ergebnisübersichten entnommen werden (siehe Abb. 32 und 33).

Veränderung in %	Jahr 0	Jahr 1	Jahr 2	Jahr 3	Jahr 4	Jahr 5	Jahr 6	Ø
EBITDA	0,0%	91,1%	74,7%	74,7%	74,7%	74,7%	74,6%	66,4%
EBIT	0,0%	35,9%	21,6%	21,6%	21,6%	21,6%	21,4%	20,5%
EBT	0,0%	0,5%	-6,2%	-3,5%	-0,5%	2,8%	6,2%	-0,1%
JÜ/JF	0,0%	0,5%	-6,0%	-3,3%	-0,4%	2,7%	6,0%	-0,1%
Operativer CF	0,0%	238,3%	209,4%	209,0%	208,6%	208,2%	207,7%	183,0%
CF aus Investitionstätigkeit	0,0%	0,0%	0,0%	0,0%	0,0%	0,0%	0,0%	0,0%
CF aus Finanztätigkeit	0,0%	-966,2%	-859,3%	-858,3%	-857,3%	-856,3%	-839,7%	-748,2%
Eigenkapitalquote	-6,8%	-5,8%	-5,4%	-5,1%	-4,8%	-4,6%	-4,7%	-5,3%
Verschuldungsgrad	9,6%	8,0%	7,4%	6,9%	6,5%	6,2%	6,3%	7,3%
Anlagendeckungsgrad I	-4,6%	-6,0%	-6,7%	-7,1%	-7,0%	-6,5%	-5,7%	-6,2%
Anlagendeckungsgrad II	0,4%	0,5%	0,5%	0,6%	0,6%	0,7%	0,7%	0,6%
Anlagenintensität	-0,9%	0,1%	0,7%	1,1%	1,3%	1,3%	1,1%	0,7%
EK-Rendite	0,0%	0,0%	0,1%	1,0%	1,9%	2,9%	3,7%	1,4%
Umsatzrendite	1,4%	6,8%	5,6%	5,4%	5,2%	4,9%	4,3%	4,8%
ROI	-6,0%	-6,6%	-6,4%	-5,6%	-4,7%	-3,9%	-3,3%	-5,2%

Abb. 32: Übersicht der Ergebnisse der Effektsimulation[341]

---

[340] Eigene Darstellung
[341] Eigene Darstellung

Zusätzlich können den Anhängen 6.1 – 6.3b sämtliche grafische Auswertungen basierend auf den absoluten Werten der folgenden Abb. entnommen werden.

in Mio. EUR	Jahr 0	Jahr 1	Jahr 2	Jahr 3	Jahr 4	Jahr 5	Jahr 6
EBITDA Lufthansa	3.270	3.738	3.710	3.710	3.710	3.710	3.698
EBITDA Ryanair	1.421	1.530	1.530	1.530	1.530	1.530	1.530
EBITDA AirBerlin	-261	395	269	269	269	269	269
EBIT Lufthansa	1.555	1.729	1.701	1.701	1.701	1.701	1.689
EBIT Ryanair	1.043	1.087	1.087	1.087	1.087	1.087	1.087
EBIT AirBerlin	-307	-23	-150	-150	-150	-150	-150
EBT Lufthansa	2.026	1.981	1.967	1.981	1.995	2.010	2.014
EBT Ryanair	982	1.011	1.016	1.019	1.022	1.024	1.026
EBT AirBerlin	-431	-428	-513	-482	-448	-409	-367
JÜ/JF Lufthansa	1.722	1.684	1.672	1.684	1.696	1.709	1.712
JÜ/JF Ryanair	867	892	896	899	902	904	905
JÜ/JF AirBerlin	-447	-443	-529	-498	-464	-425	-383
Operativer CF Lufthansa	3.393	4.155	4.127	4.127	4.127	4.127	4.115
Operativer CF Ryanair	1.689	1.895	1.852	1.833	1.813	1.794	1.775
Operativer CF AirBerlin	151	1.179	1.053	1.053	1.053	1.053	1.053
CF Inv.tätigkeit Lufthansa	-3.273	-3.273	-3.273	-3.273	-3.273	-3.273	-3.273
CF Inv.tätigkeit Ryanair	-2.888	-2.888	-2.888	-2.888	-2.888	-2.888	-2.888
CF Inv.tätigkeit AirBerlin	199	199	199	199	199	199	199
CF Fin.tätigkeit Lufthansa	26	-442	-414	-414	-414	-414	-402
CF Fin.tätigkeit Ryanair	653	513	556	575	595	614	633
CF Fin.tätigkeit AirBerlin	61	-595	-469	-469	-469	-469	-469
in %							
Eigenkapitalquote Lufthansa	16,1%	16,1%	16,1%	16,1%	16,1%	16,2%	16,3%
Eigenkapitalquote Ryanair	32,1%	32,7%	33,1%	33,3%	33,4%	33,3%	33,1%
Eigenkapitalquote AirBerlin	-19,9%	-21,8%	-26,8%	-32,0%	-37,4%	-42,8%	-48,2%
Verschuldungsgrad Lufthansa	520,7%	520,5%	521,7%	521,5%	519,7%	516,2%	512,4%
Verschuldungsgrad Ryanair	211,7%	205,6%	202,4%	200,4%	199,7%	200,2%	202,0%
Verschuldungsgrad AirBerlin	-603,4%	-558,7%	-473,1%	-412,5%	-367,5%	-333,5%	-307,5%
Anlagendeckungsgrad I Lufthansa	21,4%	21,4%	21,5%	21,5%	21,6%	21,8%	22,0%
Anlagendeckungsgrad I Ryanair	59,0%	60,5%	61,4%	62,1%	62,5%	62,7%	62,6%
Anlagendeckungsgrad I AirBerlin	-24,2%	-27,1%	-34,3%	-42,5%	-52,2%	-64,1%	-80,5%
Anlagendeckungsgrad II Lufthansa	87,2%	87,1%	86,9%	86,8%	86,6%	86,5%	86,3%
Anlagendeckungsgrad II Ryanair	135,1%	135,4%	135,7%	136,1%	136,4%	136,8%	137,2%
Anlagendeckungsgrad II AirBerlin	87,7%	86,1%	84,1%	81,4%	77,6%	71,8%	62,0%
Anlagenintensität Lufthansa	75,4%	75,2%	75,0%	74,8%	74,5%	74,3%	74,1%
Anlagenintensität Ryanair	54,3%	54,1%	53,9%	53,6%	53,4%	53,1%	52,9%
Anlagenintensität AirBerlin	82,1%	80,3%	78,1%	75,3%	71,7%	66,8%	59,9%
EK-Rendite Lufthansa	34,7%	34,2%	34,3%	34,8%	35,2%	35,6%	35,7%
EK-Rendite Ryanair	24,3%	24,7%	24,7%	24,7%	24,9%	25,1%	25,4%
EK-Rendite AirBerlin	53,9%	53,7%	58,4%	51,8%	47,2%	44,2%	42,5%
Umsatzrendite Lufthansa	4,9%	5,4%	5,3%	5,3%	5,3%	5,3%	5,3%
Umsatzrendite Ryanair	18,4%	19,2%	19,2%	19,2%	19,2%	19,2%	19,2%
Umsatzrendite AirBerlin	-7,5%	-0,6%	-3,7%	-3,7%	-3,7%	-3,7%	-3,7%
ROI Lufthansa	4,7%	4,7%	4,7%	4,8%	4,8%	4,9%	5,0%
ROI Ryanair	6,9%	7,1%	7,2%	7,3%	7,3%	7,4%	7,4%
ROI AirBerlin	-11,1%	-12,1%	-16,1%	-17,1%	-18,3%	-19,7%	-21,4%

Abb. 33: Gesamtübersicht der Entwicklung der relevanten Erfolgskennzahlen und -größen im Rahmen der Fallstudie[342]

---

[342] Eigene Darstellung

Aus dem Ansatz eines Nutzungsrechts auf der Aktiv- sowie einer Leasingverbindlichkeit auf der Passivseite der jeweiligen Bilanz resultiert ein Anstieg der Bilanzsumme. Die Spanne der bei den drei untersuchten Fluggesellschaften eingetretenen Bilanzverlängerung liegt zwischen 3,2% bis 183,7%. Die Intensität der Zunahme ist dabei wie in Kapitel 3.2.4 angedeutet, abhängig vom im Zeitpunkt der Simulation vorhandenen Umfang von Operate-Leasingverhältnissen im Portfolio der jeweiligen Unternehmen. D.h. je höher Verpflichtungen zukünftiger Leasingzahlungen ausfallen, desto höher gestaltet sich der Ansatz des Nutzungsrechts und der korrespondierenden Verbindlichkeit in der Bilanz. Somit weist in diesem Zusammenhang Air Berlin mit einem Anteil von über 98% Operate-Leases im Portfolio die höchste Bilanzverlängerungsquote auf, während Ryanair mit einem Anteil von 41% bestehender Operate-Leasingvereinbarungen im Geschäftsjahr 2015 die niedrigste Quote beim Bilanzsummenanstieg impliziert.

Die Folgebewertung der Wertansätze entwickelt sich aufgrund divergenter Zahlungsverläufe (linear gegenüber annuitätisch) unterschiedlich, woraus besonders die degressive Verteilung der Leasingaufwendungen über die Laufzeit verdeutlicht wird. So fällt der anteilige Gesamtaufwand aus Leasingvereinbarungen gem. IFRS 16 bei den untersuchten Luftfahrtunternehmen in der ersten Periode um 3,4 bis 6,2% höher aus, als zum Laufzeitende. Maßgeblich für die Intensität des sog. „front-loads" sind der zugrundliegende Diskontierungszins sowie die Leasinglaufzeit. Dabei gilt generell, je höher der zugrundeliegende Zins und je länger die unterstellte Laufzeit ausfallen, desto stärker kommt ceteris paribus eine degressive Verteilung der Leasingaufwendungen zu tragen.

Als eine der signifikantesten Auswirkungen der Leasingreformierung kann wie bereits in Kapitel 3.2.4 erläutert, die Veränderung der Erfolgsgrößen aus GuV sowie Kapitalflussrechnung genannt werden (siehe Abb. 33). Bei den in der Stichprobe untersuchten Fluggesellschaften führte die Simulation der Rechnungslegungsvorschriften nach IFRS 16 zu einem durchschnittlichen Anstieg des EBITDA innerhalb der nächsten sechs

Jahre[343] um rund 66,4% sowie des EBIT um rund 20,5%. Die Entwicklung des EBT sowie JÜ/JF verläuft ebenfalls wie prognostiziert. Demnach sinken die Kenngrößen zu Laufzeitbeginn zunächst um rund 6,1%, während sie nach fortschreitender Periode um bis zu 6,1% gegenüber dem Zeitpunkt der erstmaligen Adjustierung der Jahresabschlüsse ansteigen. Die in der Grafik ersichtlichen Abweichungen in t_1 resultieren aus der in Kapitel 3.3.1 erläuterten Verteilung der Mindestleasingzahlungen aus Operate-Leasingverhältnissen im Rahmen der Simulation.

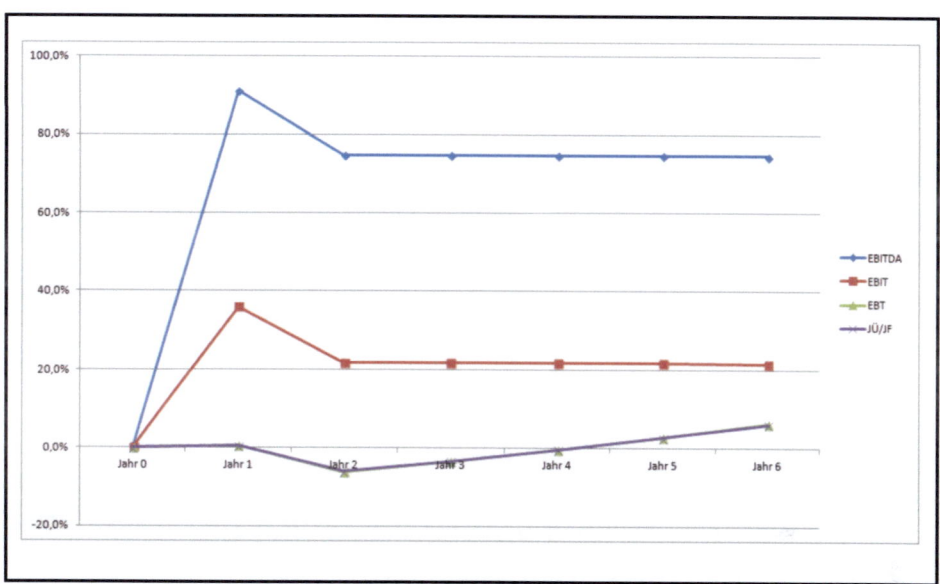

Abb. 34: Durchschnittliche Veränderung der Erfolgsgrößen aus GuV der untersuchten Fluggesellschaften innerhalb der nächsten sechs Jahre[344]

Erfolgsgrößen der Kapitalflussrechnung der untersuchten Luftfahrtunternehmen werden ebenfalls im Rahmen einer Anwendung der Leasingvorschriften nach IFRS 16 beeinflusst(siehe Abb. 34). So sind eine Erhöhung des operativen Cashflows um durchschnittlich 183% sowie ein Rückgang des Cashflows aus Finanzierungstätigkeit von mehr als 748,2% zu beobachten.[345] Der Cashflow aus Investitionstätigkeit unterliegt, wie

---

[343] Unter der Annahme jährlich konstanter Bedingungen.
[344] Eigene Darstellung
[345] Ohne Air Berlin: Anstieg des operativen Cashflows um 12,8%; Rückgang des Cashflows aus Finanzierungstätigkeit um 734,7%

bereits in den vorherigen Kapiteln erläutert, keinen Auswirkungen der Leasingregelungen nach IFRS 16 und verhält sich daher invariant.

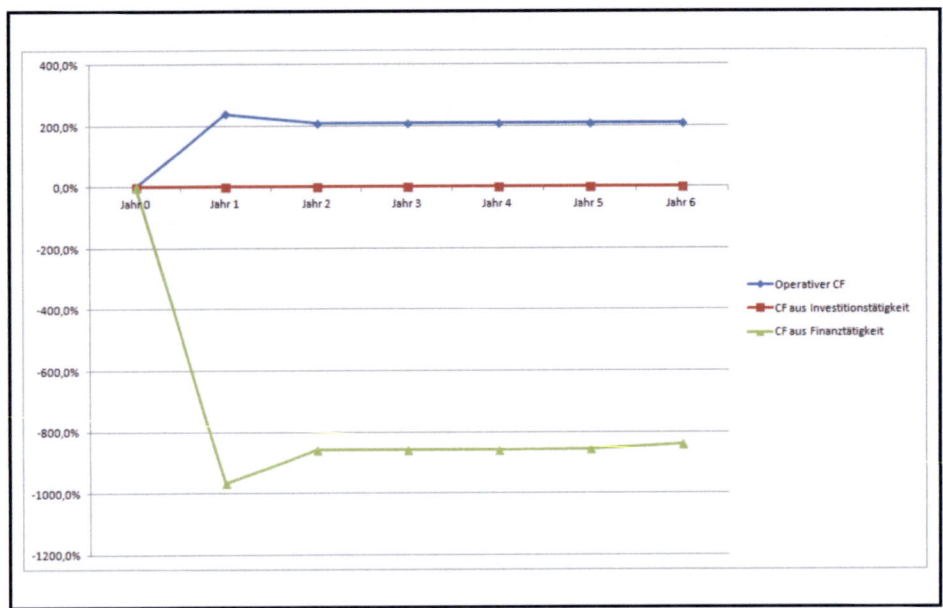

Abb. 35: Durchschnittlich erwartete Veränderung der Erfolgsgrößen aus der Kapitalflussrechnung der untersuchten Fluggesellschaften innerhalb der nächsten sechs Jahre[346]

Letztendlich zeigt die Effektsimulation bei den untersuchten Unternehmen[347] eine deutliche Verschlechterung fast aller ausgewählten Performance- bzw. Finanzkennzahlen (siehe Abb. 35).

---

[346] Eigene Darstellung
[347] Air Berlin wurde hierbei nicht berücksichtigt, aufgrund eines negativen Eigenkapitalausweises im Geschäftsjahr 2015 und der damit verbundenen fehlerhaften Aussagekraft der daraus resultierenden Kennzahlen.

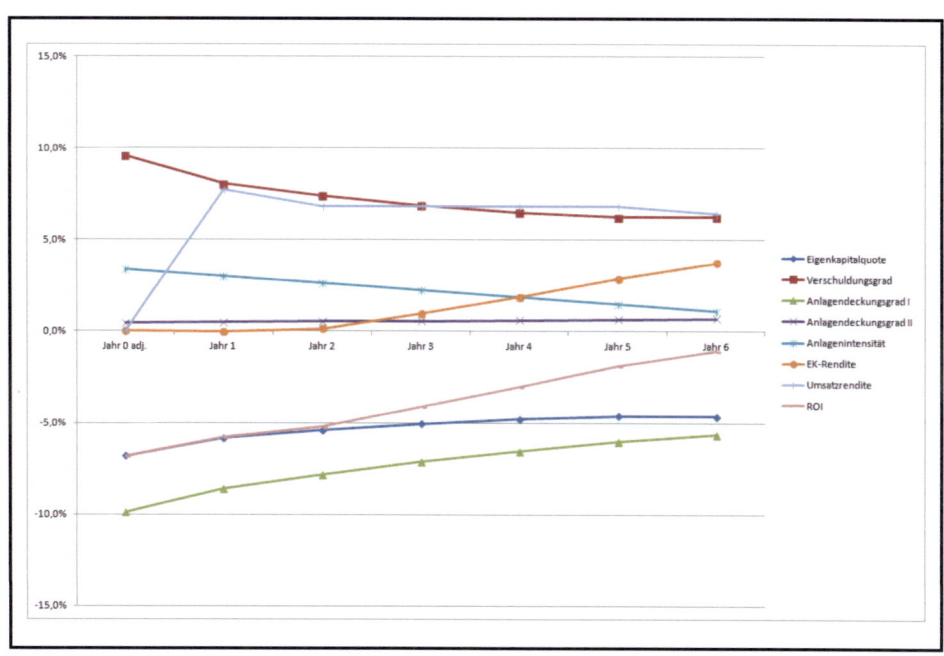

Legend (right of chart):
- Eigenkapitalquote
- Verschuldungsgrad
- Anlagendeckungsgrad I
- Anlagendeckungsgrad II
- Anlagenintensität
- EK-Rendite
- Umsatzrendite
- ROI

Abb. 36: Durchschnittliche Veränderung der Performance-Kennzahlen der Lufthansa AG sowie der Ryanair Ltd. bei Anwendung von IFRS 16 innerhalb der nächsten sechs Jahre[348]

Alle in der Abbildung dargebotenen Kennzahlen korrelieren für die betroffenen Unternehmen nachteilig mit den durch die Leasingreformierung hervorgerufen ansteigenden Bilanzpositionen zuzüglich langfristigen Vermögens auf der Aktiv- sowie zusätzlichen Fremdkapitals auf der Passivseite. Einzige Ausnahmen stellen hierbei einerseits die von Bilanzgrößen unabhängige Umsatzrentabilität dar, die aufgrund eines Anstiegs des EBIT bei konstanten Umsatzerlösen eine positive Entwicklung im Rahmen eines Anstiegs um durchschnittlich 5,9% aufweist, andererseits die Eigenkapitalrendite, die sich im Mittel leicht um 1,4% erhöht. Die restlichen Größen hingegen verzeichnen einen defizitären Trend. So ist ein durchschnittlicher Rückgang der Eigenkapitalquote um 5,3%, des Anlagendeckungsgrads I um 7,4%[349], des ROI um 4% sowie eine Erhöhung des Verschuldungsgrads um 7,3%

---

[348] Eigene Darstellung

[349] Demgegenüber steht ein Anstieg des Analgendeckungsgrads II um durchschnittlich 0,6% aufgrund der beschriebenen unterschiedlichen Wertentwicklungen des Nutzungsrechts (lineare Abschreibung) sowie der Leasingverbindlichkeit (degressiver Zinsaufwand), wodurch die Buchwerte langfristigen Fremdkapitals gegenüber langfristigen Vermögens periodisch höher ausfallen.

und der Anlagenintensität um 2,3% zu beobachten. Da durch die Abschreibung des Nutzungsrechts einerseits und die Tilgung der Leasingverbindlichkeit, andererseits die Bilanzsumme mit fortlaufender Periode abnimmt, sind die Auswirkungen auf die Kennzahlen gemäß der Effektsimulation bei zukünftig konstanten Bedingungen zu Laufzeitbeginn am höchsten. Demnach stellt sich zum Zeitpunkt der erstmaligen Adjustierung der Jahresabschlüsse ein Rückgang der Eigenkapitalquote um 6,8%, des Anlagendeckungsgrads I um 9,9%, des ROI um 6,8% sowie ein Anstieg des Verschuldungsgrads um 9,6% und der Anlagenintensität um 3,4% dar.

Die im Rahmen der Auswertung vorliegenden Ergebnisse der Effektsimulation zur Bestimmung der Auswirkungen der Leasingreformierung nach IFRS 16 auf Jahresabschlüsse der europäischen Luftfahrtindustrie verifizieren folglich die in den vorhergehenden Kapiteln aufgeführten Annahmen und Thesen.

3.3.3 Praktische Handlungsempfehlungen

Nachdem die Ergebnisse der Fallstudie verdeutlicht wurden, sollen in diesem Kapitel daraus resultierende Handlungsempfehlungen bzgl. der zukünftigen Anwendung der Leasingreform nach IFRS 16 sowohl für Abschlussadressaten als auch unterschiedliche Stakeholder erläutert werden.

3.3.3.1 Handlungsempfehlungen an betroffene Unternehmen

Zweifelsohne führt die Umstellung auf die neuen Rechnungslegungsregelungen nach IFRS 16 zu einem erheblichen zusätzlichen Aufwand für die betroffenen Unternehmen. Die im Rahmen der Fallstudie überschlägig prognostizierten Auswirkungen lassen hierbei lediglich grob verdeutlichen, wie umfangreich und komplex zukünftige Implementierungen und damit einhergehende Umstellungseffekte des neuen Leasingstandards ausfallen. Im Zuge der steigenden fachlichen sowie inhaltlichen Komplexität sollten daher betroffene Unternehmen frühzeitig mit der Schulung ausgewählter Mitarbeiter beginnen und diese mit der Thematik vertraut machen. Demnach ist mit einem Anstieg zukünftiger Investitionen in Mitarbeiterschulungen sowie eventuell zusätzlichem Personal zu rechnen.

Ein weiterer erhöhter Aufwand ist im Rahmen umfänglicherer Datenerfassungen bei Ersteinführung des IFRS 16 zu erwarten.[350] Die Ausweitung der Anhangangaben sowie die weitaus komplexere Identifizierung und Darstellung bestehender Leasingverhältnisse[351] wird in vielen Unternehmen (auch bei Leasinggebern) einen teilweise immensen zeit- und kostenintensiven Faktor darstellen. Demnach ist es ratsam, rechtzeitig Hilfeleistungen von entsprechenden Beratungsunternehmen in Anspruch zu nehmen um im ersten Schritt eine umfassende Analyse des vorhandenen Leasingportfolios vorzunehmen. Ebenfalls vorteilhaft in diesem Rahmen stellt sich die Investition in innovative Softwarelösungen dar, die bei der Erfassung und Identifizierung vorhandener Leasingverträge behilflich sind und somit nachgehende Schritte erleichtern.

Der wohl größte Handlungsbedarf resultiert jedoch aus der Beeinflussung der in der Fallstudie aufgezeigten Erfolgsgrößen und Kennzahlen betroffener Unternehmen. Gerade am Beispiel der derzeit äußerst defizitären Fluggesellschaft Air Berlin und deren signifikanten Anteil von Operating-Leases wird deutlich, wie essenziell zukünftige Effekte der Leasingreformierung ausfallen können. In solchen Fällen sollten Unternehmen bereits im aktuellen Geschäftsjahr die bevorstehenden Auswirkungen des IFRS 16 überprüfen (lassen), um daraus mögliche Handlungsalternativen ableiten zu können. Hierzu zählen einerseits die Nutzung möglicher Ermessensspielräume[352] im Rahmen variabler Leasingzahlungen oder Neugestaltungen bzw. Anpassungen bestehender

---

[350] i.A.a. (KPMG, 2016 S. 55 ff.)

[351] Im Rahmen der Fallstudie wurde u.a. verdeutlicht, dass zusätzliche Faktoren wie bspw. separate variierende Leasinglaufzeiten, Barwerte und Diskontierungszinsen eine erhebliche Rolle bei der Berechnung bzw. Bewertung von Leasingverhältnissen nach IFRS 16 gegenüber derzeitigen Operate-Leases spielen.

[352] Vgl. Kapitel 3.2.1

und bevorstehender Leasingvereinbarungen hinsichtlich eines Ausschlusses vom Anwendungsbereich des IFRS 16. Andererseits müssen hinsichtlich „unvermeidbarer" Auswirkungen termingerecht Rücksprachen mit bestimmten internen und externen Stakeholdern wie Führungskräften oder Banken sowie Shareholdern durch Investor Relations gehalten werden.

Zusätzlich sollten derzeit bestehende Vergütungsmodelle eventuell an einen bevorstehenden Anstieg der „Earnings-before-Kennzahlen" bzw. deren Verknüpfung an bestimmte Kennzahlen überprüft und angepasst werden. Ebenfalls besteht die Empfehlung, Auswirkungen auf financial covenants hinsichtlich vorhandener und zukünftiger Kreditverträge mit Gläubigern abzustimmen, die u.a. im Rahmen einer Verschlechterung der Eigenkapitalquote sowie des Verschuldungsgrads eine hohe Relevanz besitzen.

3.3.3.2 Handlungsempfehlungen an verschiedene Stakeholder

Auch wenn die Auswirkungen der Leasingreformierung nach IFRS 16 nicht für alle Stakeholder wesentlich sind, stellen sie jedoch für einige Interessengruppen eine große Bedeutung dar.

So wird in vielen Artikeln darauf verwiesen, dass Abschlussadressaten und Investoren nicht länger verpflichtet sind, zukünftige Adjustierungen der Jahresabschlüsse hinsichtlich bestehender Operate-Leasingverhältnisse vornehmen zu müssen.[353] Dies ist jedoch nur bedingt korrekt, da im Zuge der nach wie vor umfänglich bestehenden Ermessensspielräume Anpassungen bzw. detaillierte Recherchen vorgenommen werden sollten[354], um eine transparente Sicht auf Zahlen der Geschäftsberichte zu gewährleisten. V.a. Investoren müssen im Rahmen multiplikatorbasierter Unternehmensbewertungen Auswirkungen auf bestimmte Kennzahlen der Zählergrößen (z.B. EBIT) bei zukünftigen

---

[353] (Bausch, et al., 2015 S. 2344)
[354] So bspw. eine Übersicht über den unternehmensinternen Bestand von „small-ticket" oder „low-value-leases"

Kalkulationen berücksichtigen und deren plötzlichen Anstieg ggf. reduzieren bzw. an ältere Berechnungen anpassen.

Für Abschlussprüfer wird zum Zeitpunkt der Erstanwendung ebenfalls ein erhöhter Aufwand aufgrund steigender Komplexität der Rechnungslegungsvorschriften durch IFRS 16 sowie darin enthaltene Vorschriften zur Ermittlung umfangreicher Rahmendaten, zum Tragen kommen. Es ist daher vorteilhaft, möglichst bald mit der Erfassung und Identifizierung aller notwendigen Leasingdaten zu beginnen und bereits frühzeitig die Entwicklungen bestimmter IT-Lösungen zu forcieren.

3.3.4 Kritische Würdigung der Fallstudie

Im Rahmen der Effektsimulation zur Untersuchung der Auswirkungen einer Umstellung der Leasingbilanzierung auf IFRS 16 konnte anhand einer Stichprobe bedeutender europäischer Fluggesellschaften die in den vorherigen Kapiteln erläuterten Thesen und Annahmen bestätigt werden.

Anzumerken ist jedoch eine mögliche Abweichung der dargebotenen Ergebnisse zu realiteren Gegebenheiten, die aus der Annahme bestimmter Prämissen bei der Erstellung der Fallstudie resultiert. Die Notwendigkeit des Treffens bestimmter Annahmen ergibt sich dabei aus dem Mangel an für die Simulation erforderlichen Rahmendaten[355], die nicht aus den entsprechenden Geschäftsberichten ablesbar sind. Aufgrund der Möglichkeit der Abweichung einiger getroffener Prämissen zu tatsächlichen Sachlagen der Unternehmen, sollte der Fokus bei der Interpretation der vorliegenden Ergebnisse nicht auf der Betrachtung einzelner Werte, sondern vielmehr der Entwicklung untersuchter Kennzahlen und Größen des Jahresabschlusses liegen.

Demnach sind v.a. die folgenden Punkte im Rahmen der Fallstudie kritisch zu beurteilen:

---

[355] z.B. separat ausgewiesene Leasinglaufzeiten, Mindestleasingzahlungen einzelner Perioden, Werthaltigkeit einzelner Leasingobjekte usw.

- Lineare Aufteilung der Mindestleasingzahlungen

- Zugrunde liegende Leasinglaufzeiten

- „Allgemeingültiger" unternehmensinterner Zinsfuß

- Keine Ausnahmen vom Anwendungsbereich nach IFRS 16

- Lineare Abschreibung aller Leasingobjekte

- Keine Berücksichtigung von Sondersachverhalten wie Restwerten, Sondertilgungen, Laufzeitverlängerungsoptionen etc.

Obwohl anhand der dargebotenen Effektsimulation die Auswirkungen einer Umstellung der Rechnungslegungsvorschriften auf IFRS 16 adäquat vorgezeigt werden konnten, ist jedoch u.a. die lineare Aufteilung der unterstellten Mindestleasingzahlungen im Rahmen der Fallstudie kritisch zu betrachten. Mithilfe der linearen Verteilung lässt sich zwar einerseits ein annuitätischer Zahlungsverlauf deutlich hervorheben, jedoch andererseits nicht das realitere Bild in der Unternehmenspraxis wiederspiegeln. So ist in der Regel von einem periodisch abflachenden Wert an Mindestleasingzahlungen auszugehen, da z.B. ein stetiges Auslaufen bestehender Leasingverträge über die Laufzeit unterstellt werden kann.

Zu beanstanden sind die zugrunde liegenden Laufzeiten der Leasingportfolios, die sich lediglich aus dem Mittelwert der in den Konzernanhängen angegebenen Werte ergeben. Hierbei gilt, dass der Degressionsverlauf von Leasingaufwendungen umso stärker zum Tragen kommt, je länger die zur Basis gemachte Laufzeit ausfällt.

Als weitere Prämisse im Rahmen der Effektsimulation gilt der anhand der Anhangangaben von Finanzierungsleasings ermittelte Zinsfuß. Dabei ist dessen Gültigkeit sowohl bei der Diskontierung der Barwerte zukünftiger Operate-Leasingzahlungen als auch der Berechnung des periodischen Zinsaufwands kritisch zu hinterfragen. Am Beispiel von Ryanair lassen sich so bspw. unterschiedliche zugrundeliegende Diskontierungszinssätze von 3,94% bei Operate-Leases sowie 5,82% bei Finance-Leases feststellen.[356]

---

[356] Die Berechnung erfolgt aus Basis der im Geschäftsbericht 2015 bereitgestellten Angaben von Leasingzahlungen und deren Barwerten sowohl bei Operate- als auch Finance-Leasings.

Neben den bisher genannten, ist zusätzlich die Einbeziehung aller bestehenden Leasingverhältnisse, bei den untersuchten Unternehmen in den Anwendungsbereich von IFRS 16, als Kritikpunkt aufzuführen. Demnach werden bspw. geringwertige Leasingobjekte sowie Laufzeiten von unter 12 Monaten nicht im Rahmen der Fallstudie berücksichtigt, wonach das anzusetzende Nutzungsrecht eventuell höher, als realiter anzunehmen, ausfällt. Dessen unterstellte lineare Abschreibung hinsichtlich der Folgebewertung stellt ebenfalls möglicherweise nicht den in der Unternehmenspraxis anzutreffenden Sachverhalt dar.[357] Ebenso erfahren weitere Regelungen hinsichtlich Restwerten, Sondertilgungsvereinbarungen sowie Optionen auf Laufzeitverlängerungen aus Gründen der Übersichtlichkeit keine Anwendung im Rahmen der Effektsimulation.

Schlussfolgernd ist festzustellen, dass die dargebotene Fallstudie in erster Linie zur Verifizierung von Thesen und Annahmen im Rahmen der Leasingbilanzierung nach IFRS 16 sowie zur Veranschaulichung von Trends und Entwicklungen relevanter Finanz- und Erfolgskennzahlen untersuchter Unternehmen der europäische Luftfahrtindustrie dient. Um exaktere Kalkulationen durchführen zu können, bedarf es vor allem der detaillierteren Angabe zusätzlicher Rahmendaten wie bspw. konkrete einzelfallbezogene Vertragslaufzeiten, Grenzfremdkapitalzinsen, Ausübungswahrscheinlichkeiten bestimmter vertraglich fixierter Optionen sowie Aufstellungen aller vom Anwendungsbereich ausgeschlossenen Dienstleistungs- und Leasingverträge.

3.4 Gesamtkritische Würdigung

Mit der Einführung des IFRS 16 konnten durchaus einige Ziele des IASB, beispielsweise eine erhöhte Transparenz von Jahresabschlüssen und der derzeitigen Rechnungslegungsvorschriften von Leasingvereinbarungen erreicht werden. Im Rahmen des zehnjährigen Konvergenzprojekts wurde

---

[357] Bspw. unterschiedliche Abschreibung bedeutsamer Teile einer Sachanlage (IAS 16.44), Neubewertungsmethode (IAS 16.31 ff.) sowie Anwendung degressiver oder leistungsbezogener Abschreibungsmethoden (IAS 16.60 – 62)

letztlich ein Standard entwickelt, der durchaus chancenreiches Innovationspotenzial hinsichtlich einer adäquaten Darstellung von Leasingverhältnissen besitzt. Jedoch birgt das neue internationale Regelungswerk trotz mehrfacher Weiterentwicklung und Optimierung auch weiterhin wesentliche Schwächen in sich und bietet damit Kritikern eine große Angriffsfläche.

Dies resultiert nicht zuletzt aus dem mit dem Standard einhergehenden defizitären Kosten-Nutzenaspekt.[358] Die vom IASB ursprünglich angestrebte Komplexitätsreduktion gegenüber des IAS 17 wird definitiv durch die Einführung des IFRS 16 nicht erreicht, wie im Rahmen der Untersuchung bereits erläutert wurde. Vielmehr kommt es hinsichtlich der Behandlung von Leasingverhältnissen in den Jahresabschlüssen zu einer Komplexitätsverlagerung (siehe Abb. 37).

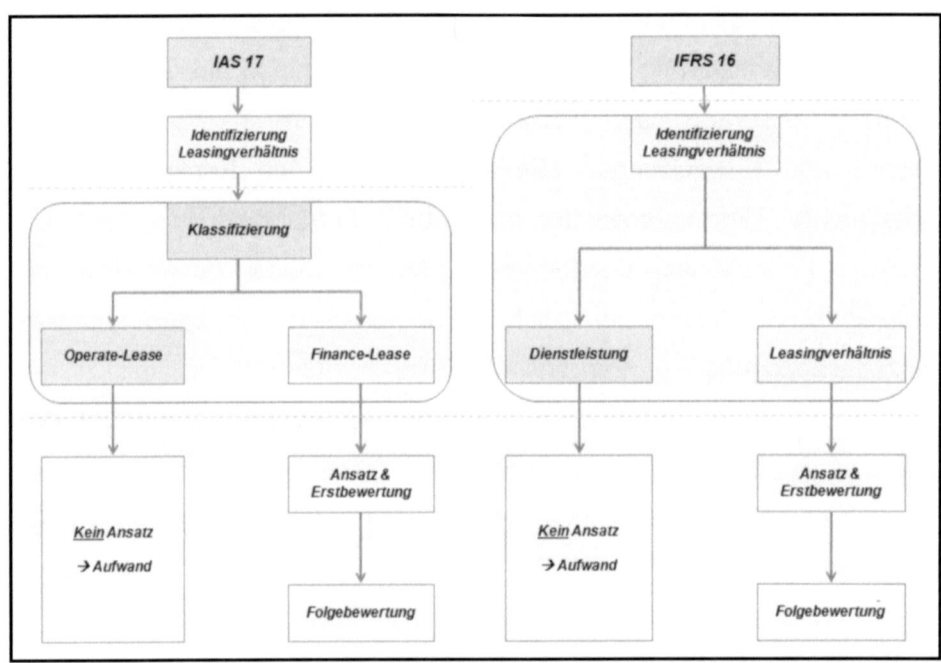

Abb. 37: Komplexitätsverlagerung der Vorschriften von IFRS 16 gegenüber IAS 17[359]

Die Abbildung verdeutlicht, wie der Prüfungsschwerpunkt des IAS 17, die Klassifizierung in Operate- oder Finance-Leasing, im Rahmen des IFRS

---

[358] (Gruber, et al., 2016 (a) S. 51)
[359] Eigene Darstellung

16 in die Klassifizierung in Leasing- oder Dienstleistungsverhältnis transferiert wird. Die Einstufung erfolgt dabei anhand umfangreicher Kriterien, die ausführlich in Kapitel 3.2.1 erläutert wurden. Damit gehen nach wie vor signifikant divergierende Auswirkungen hinsichtlich des bilanziellen Ausweises sowie korrespondierender Erst- und Folgebewertungen in den Jahresabschlüssen einher. Da Dienstleistungsverträge weiterhin als schwebende Geschäfte lediglich off-balance ausgewiesen werden[360], während Leasingverhältnisse zukünftig grundsätzlich der in 3.2.2 und 3.2.3 beschriebenen Ansatz- und Bewertungskriterien unterliegen, kann folglich behauptet werden, dass der sog. „All-or-nothing approach" hinsichtlich der Einführung des IFRS 16 nicht außer Kraft gesetzt wird. Unter genauer kritischer Betrachtung kann dem Standard sogar unterstellt werden, dass das primäre Ergebnis der Reformierung im Wegfall der Operate-Leasing Klassifizierung besteht. Diese These stützt sich einerseits auf die weitgehende Beibehaltung der Regelungen der Leasingnehmerbilanzierung, andererseits auf die umfangreiche Konformität zwischen derzeitigen Vorschriften zu Finance-Leasings und zukünftigen Leasingvereinbarungen (siehe Kapitel 3.1.2 und Kapitel 3.2.2). Vielmehr wird das bisherige „Schwarzweiß-Denken" bei der Identifizierung von Ausweisindikatoren durch weitere Ausnahmeregelungen verstärkt. Neben der Einführung von variablen Leasingzahlungen sowie „low-value-" und „small-ticket-Leases" werden im Rahmen des neuen Leasingstandards Anwendern noch immer zahlreiche Ermessensspielräume bspw. durch unkonkrete Formulierungen in den Rechnungslegungsvorschriften geboten. Daher stellt sich die Frage, an welchen Stellen bzw. in welcher Art Modifikationen am derzeit veröffentlichten Stand des Leasingstandards vorgenommen werden müssten, um die im Laufe der Studie dargestellten Probleme einzudämmen bzw. zu terminieren.

Eine Ausweitung der bereits bestehenden Vorschriften für eine Begrenzung der möglichen Ermessensspielräume im Rahmen des IFRS 16 wäre gewiss der falsche Ansatz, da somit die Komplexität des

---

[360] (Piesbergen, et al., 2015 S. 834)

Regelwerks weiter ausgedehnt würde. Vielmehr sollte auf das ursprüngliche Ziel – die Schaffung von mehr Transparenz in Jahresabschlüssen durch adäquate Abbildung von Leasingverhältnissen – fokussiert und dabei weiterhin der Ansatz verfolgt werden, alle Leasingverhältnisse abzubilden. Die umstrittenen Ausnahmeregelungen von kurzfristigen und gering werthaltigen Leasingverhältnissen durchbrechen die sonst so konsequent forcierten Vorschriften. Zwar wurden diese Regelungen hauptsächlich aus Kosten-Nutzen Aspekten für Anwender aufgenommen, jedoch stellt sich die Frage, ob dies im richtigen Ausmaß geschehen ist. So wird im Rahmen des IFRS 16.5 – 8 i.V.m. IFRS 16.B3 – B8 bspw. keine Unterscheidung gemacht, ob es sich bei dem für nicht mehr als 12 Monate geleasten Gegenstand um ein Passagierflugzeug oder einen Pkw handelt. Beide Vermögenswerte werden ergo nicht in der Bilanz ausgewiesen, weshalb sich nach wie vor die Frage nach einer stringenten Umsetzung der Reform stellt.

In diesem Kontext ist die Option der Abschaffung dieser Ausnahmefälle als sinnvoll zu erachten. Leasingobjekte mit einer Laufzeit unter einem Jahr sollten konsequenterweise ebenfalls mit ihrem Nutzungsrecht (Bewertung siehe 3.2.2) aktiviert werden. Die Folgebewertung erfolgt durch Abschreibung pro rata temporis auf das Nutzungsrecht, die Reduktion der Leasingverbindlichkeit durch entsprechende Tilgung (zusätzlich sind wie gewohnt Zinsaufwendungen zu berücksichtigen). Für Leasingobjekte mit einem Wert unter 5.000 $ sollten Vereinfachungsregelungen eingeräumt werden. So könnten diese bspw. in einem Sammelposten bilanziert werden, der unabhängig von Laufzeiten, Tilgungsplänen und Zinskonditionen planmäßig linear über die nächsten fünf Geschäftsjahre abgeschrieben wird. Korrespondierend dazu wird eine Verbindlichkeit in gleicher Höhe gebildet. Tilgung und Zinszahlungen entsprechen gemeinsam der planmäßigen Abschreibung und mindern kumuliert die korrespondierende Verbindlichkeit, weshalb beide Posten stets die gleiche Werthaltigkeit aufweisen.

Unterstützt würde dieser Vorgang durch standardisierte Musterverträge, die von entsprechenden Leasinggesellschaften für Kunden bereitgestellt würden. Hierbei handele es sich zwar um einen Eingriff in das Leasinggeschäft perse, jedoch könnten dadurch signifikante Verbesserungen hervorgerufen werden, sofern eine gemeinsame Ausarbeitung standardisierter Leasingverträge durch IASB und Leasinggesellschaften glückt. In diesem Rahmen bestünde zudem die Chance, Handlungsalternativen und Vertragsgestaltungen zugunsten der Ausnutzung möglicher Ermessensspielräume einzudämmen.

Ebenfalls zu untersuchen ist die Möglichkeit des anteiligen Ansatzes des Nutzungsrechts an einem Vermögenswert durch ein Leasingverhältnis. Zumeist wird zukünftig die Abgrenzung zwischen einem Leasing- und Dienstleistungsverhältnis anhand der Prüfung des wirtschaftlichen Nutzenzuflusses sowie der Bestimmung des Leasingnehmers über die Nutzung des „identified assets" erfolgen („Right-of-use-Ansatz"). Bspw. würde de lege ferenda eine industrielle Kaffeemaschine, die ausschließlich mit speziellen Kaffeepads des Leasinggebers verwendet werden kann, als Dienstleistung off-balance erfasst werden, da hierbei der wirtschaftliche Nutzenzufluss des Leasingnehmers aus der Kaffeemaschine womöglich nicht mehr wesentlich ist. Wird nun angenommen, dass zukünftig Nutzungsrechte mit ihrem erwarteten prozentualen wirtschaftlichen Nutzenzufluss beim Leasingnehmer bilanziert werden, kann von dem nach wie vor bestehenden „All-or-nothing approach" abgerückt und erstmals eine Kompromisslösung gefunden werden. Beim Beispiel der Kaffeemaschine könnte folglich ermittelt werden, in welcher Höhe der Leasinggeber durch den zusätzlichen Vertrieb von Kaffeepads Umsatz generiert im Vergleich zum potenziellen Umsatz des Kaffeevertriebs des Leasingnehmers. Demnach könnte das Nutzungsrecht mit einem Anteil von bspw. 70% in der Bilanz des Leasingnehmers ausgewiesen werden. Jedoch müsste hierbei mit dem Leasinggeber eine Einigung hinsichtlich der Mindestleasingzahlungen erfolgen, da diese ergo ebenfalls nur 70% betragen dürften, um dem Leasingnehmer keinen erheblichen Nachteil im Rahmen des Geschäfts zu bieten.

Aus einem anteiligen Ausweis von Nutzungsrechten wiederum würde ebenfalls eine geringere Belastung der Erfolgsgrößen und -kennzahlen von Leasingnehmern resultieren, da durch geringere Mindestleasingzahlungen folglich ein niedrigerer Wertansatz des Nutzungsrechts und somit eine abgeschwächte Ausdehnung der Bilanzsumme erfolgt, die in diesem Zusammenhang eine limitierte Beeinflussung der wirtschaftlichen Kennzahlen zur Folge hätte. Da im Rahmen der Fallstudie aus 3.3.2 aufgezeigt werden konnte, wie weitgehend Konsequenzen einer Erstanwendung des neuen Leasingstandards sein können, ist nachvollziehbar, dass eine derartige Regelung für erhöhte Akzeptanz bei betroffenen Unternehmen sorgen könnte.

In IFRS 16.B22 (a) wird eines der wenigen (unkonkreten) Fallbeispiele des IASB im Rahmen des Leasingstandards gegeben. Mit hoher Wahrscheinlichkeit kann von einer signifikanten Qualitätsverbesserung in der Anwendungspraxis der Reform ausgegangen werden, sofern das IASB einen weiteren Katalog mit präzisen differenzierten Fallbeispielen aus der Unternehmenspraxis veröffentlicht. Anhand derartiger Praxisbeispiele könnte mit hoher Wahrscheinlichkeit ein Großteil der sich aus den großen Ermessensspielräumen ergebenden Unklarheiten beseitigt werden..

Aufgrund umfangreicher Datenerfassungen, die zukünftig im Rahmen des IFRS 16 notwendig werden, existieren bereits jetzt zahlreiche Anbieter u.a. aus der Wirtschaftsprüfungs- und Beratungsbranche, die Kunden individuelle IT-Lösungen und Hilfestellungen anbieten. Demzufolge ist mit einem nicht unerheblichen Kostenanstieg in den nächsten Jahren bei betroffenen Unternehmen zu rechnen. Folglich könnten auch in diesem Bereich Lösungsansätze vom Standardsetter ausgearbeitet werden, die den erwähnten negativen Auswirkungen entgegen wirken. Bspw. würde eine standardisierte Software mit allen notwendigen Parametern für die zukünftige Erfassung und Bewertung von Leasingverträgen einen großen Nutzen für kapitalmarktorientierte Unternehmen bieten. Durch die Einbringung des nötigen Knowhows und Detailwissens in ein solches

Projekt, kann die korrekte Umsetzung des Standards bei der Bilanzierung von Leasingverhältnissen gewährleistet werden.

Generell lässt sich behaupten, dass sowohl IAS 17 als auch IFRS 16 vielfältige und tiefgreifende Auswirkungen auf internationale Jahresabschlüsse besitzen, wenngleich die in vielen Fällen zu Recht geäußerte Kritik sowohl an den alten als auch neuen Rechnungslegungsvorschriften durch die Reformierung nicht abgeebbt ist. Kaum eine andere Reform internationaler Rechnungslegungsstandards zieht so umfassende Konsequenzen nach sich. Deshalb muss sich der Standardsetter der Verantwortung für die Auswirkungen der von ihm aufgestellten Vorschriften stellen und sich weiterhin offen mit Kritik auseinander setzen.

4. Fazit und Ausblick

Im Rahmen der Untersuchung wurden sowohl die defizitären Gegebenheiten des bisher gültigen Leasingstandards IAS 17 und dessen Bedarf nach Veränderung erläutert als auch die daraus resultierenden Ergebnisse und Auswirkungen der Reformierung nach der Veröffentlichung des IFRS 16.

Es konnte anhand einer kritischen Analyse der vielfältigen theoretischen Sachverhalte, Thesen und Annahmen sowie einer praktischen Ausarbeitung einer Effektanalyse im Rahmen der Untersuchung einer Stichprobe ausgewählter betroffener Unternehmen der Luftfahrtindustrie gezeigt werden, dass die zahlreichen u.a. in der Fachliteratur anzutreffenden kritischen Äußerungen gegenüber dem neuen internationalen Leasingstandard nicht gänzlich unbegründet sind.

Die vordergründige Intention des Standardsetters, sämtliche Leasingverhältnisse in den Jahresabschlüssen kapitalmarktorientierter Unternehmen abzubilden, ist nicht vollends geglückt. Zwar konnte einerseits durch den Wegfall der Möglichkeit der Klassifizierung in Finance- oder Operate-Leases seitens der Leasingnehmer eine signifikante Verbesserung hinsichtlich der Zielsetzung erreicht werden, jedoch wird andererseits dieser Ansatz nicht konsequent im Rahmen des IFRS 16 umgesetzt. So bestehen nach wie vor umfangreiche Ermessensspielräume für Anwender bspw. durch variable Leasingzahlungen, vage Abgrenzungskriterien zu außerbilanziell erfassten Dienstleistungsverträgen sowie Ausnahmeregelungen hinsichtlich geringwertiger sowie kurzfristiger Leasingvereinbarungen. All dies geschieht vor dem Hintergrund unverminderter Komplexität der Rechnungslegungsvorschriften sowie einem kritisch zu hinterfragenden Kosten-Nutzen Aspekt, der bislang vom Standardsetter als stets garantiert erachtet wird. Es ist davon auszugehen, dass viele Abschlussadressaten und Stakeholdergruppen auch zukünftig der Leasingreform und deren Implementierung in die Unternehmenspraxis kritisch gegenüberstehen werden.

Literaturverzeichnis

Aigner, Kathrin. 2009. Das neue Bilanzrecht nach HGB: auf der Grundlage des Bilanzrechtsmodernisierungsgesetzes (BilMoG). Münster : ZAP-Verlag, 2009.

Baetge, Jörg, Kirsch, Hans-Jürgen und Thiele, Stefan. 2012. *Bilanzen.* 12. Düsseldorf : IDW Verlag, 2012.

Bausch, Jane und Fülbier, Rolf Uwe. 2015. Beurteilung und erwartete Auswirkungen der neuen IFRS-Leasingbilanzierung. *DER BETRIEB.* 09. 10 2015, S. 2341–2348.

BDL. 2016(a). LEASEUROPE – EUROPEAN FEDERATION OF LEASING COMPANY ASSOCIATIONS. [Online] 2016(a). [Zitat vom: 20. 07 2016.] https://bdl.leasingverband.de/der-bdl/international/.

—. **2014.** LEASING IN EUROPA. [Online] 2014. [Zitat vom: 20. 07 2016.] https://bdl.leasingverband.de/zahlen-fakten/leasing-in-europa/.

—. **2016(c).** LEASING-VORTEILE. [Online] 2016(c). [Zitat vom: 17. 07 2016.] https://bdl.leasingverband.de/leasing/leasing-vorteile.

Bogajewskaja, Janina. 2007. *Reporting Financial Performance: Konzeption und Darstellung der Erfolgsrechnung nach Vorschriften des ASB, FASB und IASB.* Wiesbaden : Deutscher Universitätsverlag, 2007.

Bohl, Werner. 2013. *Beck'sches IFRS-Handbuch: Kommentierung der IFRS/IAS.* 4. München : Beck, 2013.

Brealey, Richard, Myers, Stewart and Allen, Franklin. 2014. *Principles of Corporate Finance.* New York : Mcgraw-Hill Higher Education, 2014.

Brösel, Gerrit. 2014. *Bilanzanalyse: Unternehmensbeurteilung auf der Basis von HGB- und IFRS-Abschlüssen.* 15. Berlin : Erich Schmidt Verlag GmbH & Co. KG, 2014.

Brune, Jens. 2016. Auswirkung der Neuabgrenzung von Leasingverhältnissen nach IFRS 16 auf„embedded leases" – weniger statt mehr Leasing in der Bilanz? *Zeitschrift für internationale Rechnungslegung.* 2016, Heft 3, S. 99–143.

Buchholz, Rainer. 2016. *Grundzüge des Jahresabschlusses nach HGB und IFRS.* 9. Würzburg : Vahlen, 2016.

—. **2014.** *Internationale Rechnungslegung: Die wesentlichen Vorschriften nach IFRS und HGB.* 11. Berlin : Erich Schmidt Verlag GmbH & Co. KG, 2014.

Buschhüter, Michael und Striegel, Andreas. 2011. *Kommentar – Internationale Rechnungslegung – IFRS.* Wiesbaden : Gabler Verlag, 2011.

Colliers International. 2015. Sale and Leasebacks – More than Contra-Cyclical? [Online] 03 2015. [Zitat vom: 22. 07 2016.] http://www.colliers.com/en-gb/-/media/Files/EMEA/emea/research/Sale-and-Leasebacks.

—. **2012.** THE MARKET FOR SALE AND LEASEBACKS. [Online] 08 2012. [Zitat vom: 23. 07 2016.] http://www.colliers.com/-/media/files/emea/easterneuropeaninformation/2014eeresearchpage/inves tment/ee-2012-the-market-for-sale-and-leaseback-report.pdf?la=en-gb.

Deloitte. 2016(a). Anwendung der IFRS in einzelnen Rechtskreisen. [Online] 2016(a). [Zitat vom: 02. 08 2016.] http://www.iasplus.com/de/resources/ifrs-topics/de/resources/use-of-ifrs/#totals.

—. **2005.** *Basel II – Handbuch zur praktischen Umsetzung des neuen Bankenaufsichtsrechts.* Erich Schmidt Verlag GmbH & Co. KG : Berlin, 2005.

—. 2016(b). Das Konvergenzprogramm von IASB und FASB. [Online] 2016(b). [Zitat vom: 06. 09 2016.] http://www.iasplus.com/de/projects/completed/other/iasb-fasb-convergence.

—. 2016(c). IAS 16. [Online] 2016(c). [Zitat vom: 20. 08 2016.] http://www.iasplus.com/de/standards/ias/ias16.

—. 2016(d). IAS 17. [Online] 2016(d). [Zitat vom: 14. 07 2016.] http://www.iasplus.com/de/standards/ias/ias17.

—. 2016(e). IAS 38. [Online] 2016(e). [Zitat vom: 20. 08 2016.] http://www.iasplus.com/de/standards/ias/ias38.

—. 2016(f). IFRS 16. [Online] 2016(f). [Zitat vom: 29. 08 2016.] http://www.iasplus.com/de/standards/ifrs/ifrs-16.

—. 2016(g). IFRS in Europa. [Online] 2016(g). [Zitat vom: 01. 08 2016.] http://www.iasplus.com/de/resources/ifrs-topics/europe.

—. 2016(h). Mitgliedschaft im Board des IASB. [Online] 2016(h). [Zitat vom: 12. 07 2016.] http://www.iasplus.com/de/resources/ifrsf/iasb-ifrs-ic/resource20.

—. 2012(i). Sir David Tweedie appointed as Chairman of the IVSC. [Online] 26. 09 2012(i). [Zitat vom: 28. 10 2016.] http://www.iasplus.com/de/de/news/2012/september/sir-david-tweedie-appointed-as-chairman-of-the-ivsc.

—. 2016(j). Überblick über die Struktur der IFRS-Stiftung und des IASB. [Online] 2016(j). [Zitat vom: 08. 08 2016.] http://www.iasplus.com/de/resources/ifrsf.

Deutsche Bundesbank. 2016. Basel III. [Online] 2016. [Zitat vom: 19. 07 2016.] https://www.bundesbank.de/Navigation/DE/Aufgaben/Bankenaufsicht/Basel3/basel3.html.

DIRK e.V. 2013. DIRK-Konferenz 2012 – 5.4 IFRS in der Kapitalmarktkommunikation. [Online] 2013. [Zitat vom: 05. 09 2016.] https://www.youtube.com/watch?v=IYKdGInSQDM.

Drosse, Volker. 2014. *Managerial Accounting: Kosten- und Leistungsrechnung, Investitionsrechnung, Kennzahlen.* Stuttgart : Schäffer-Poeschel Verlag für Wirtschaft + Steuern + Recht GmbH, 2014.

DRSC. 2016. Organisation und Ziele. [Online] 2016. [Zitat vom: 11. 08 2016.] https://www.drsc.de/service/ueber_uns/ziele/index.php#ziele.

Eckl, Elfriede, et al. 2016(a). IFRS 16 „Leases": Bestandsaufnahme und erste kritische Würdigung der IFRS-Leasingreform (Teil 1). 24. 03 2016(a), Nr. 12, S. 661–673.

—. 2016(b). IFRS 16 „Leases": Bestandsaufnahme und erste kritische Würdigung der IFRS-Leasingreform (Teil 2). *DER BETRIEB.* 01. 04 2016(b), S. 721–727.

EFRAG. 2016. The EU endorsement status report. [Online] 20. 04 2016. [Zitat vom: 03. 08 2016.] http://www.efrag.org/Assets/Download?assetUrl=%2Fsites%2Fwebpublish ing%2FLists%2FPublic%20News%2FAttachments%2F57%2FEFRAG%20 Endorsement%20Status%20Report%2020%20April%202016.pdf&AspxAu toDetectCookieSupport=1.

Erichsen, Jörgen. 2010. *Betriebswirtschaftliche Grundlagen.* Freiburg : Haufe-Lexware GmbH, 2010.

Ernst & Young GmbH WPG. 2014. Im Fokus: Der neue Standard zur Umsatzrealisierung. [Online] 09 2014. [Zitat vom: 25. 08 2016.] http://www.ey.com/Publication/vwLUAssets/EY_IFRS_- _Der_neue_Standard_zur_Umsatzrealisierung/$FILE/EY-IFRS-Im-Fokus- Der-neue-Standard-zur-Umsatzrealisierung.pdf.

Europäische Kommission. 2016. MiFiD-Richtlinie 2004/39/EG. [Online] 24. 04 2016. [Zitat vom: 01. 08 2016.] http://ec.europa.eu/finance/securities/docs/isd/mifid/160425-delegated-regulation_de.pdf.

Europäische Union. 2002. VERORDNUNG (EG) Nr. 1606/2002. [Online] 19. 07 2002. [Zitat vom: 02. 08 2016.] http://eur-lex.europa.eu/LexUriServ/LexUriServ.do?uri=OJ:L:2002:243:0001:0004:de:PDF.

—. **2003.** VERORDNUNG (EG) Nr. 1725/2003 DER KOMMISSION. [Online] 29. 09 2003. [Zitat vom: 26. 07 2016.] http://www.drsc.de/docs/press_releases/EG-verordnung_Uebernahme%20IAS_290903_deutsch.pdf.

Federmann, Rudolf und Müller, Stefan. 2010. *IAS/IFRS-stud.* 4. Berlin : Erich Schmidt Verlag GmbH & Co. KG, 2010.

—. **2011.** *IAS/IFRS-stud.* Berlin : Erich Schmidt Verlag GmbH & Co. KG, 2011.

—. **2014.** *IAS/IFRS-stud.* Berlin : Erich Schmidt Verlag GmbH & Co. KG, 2014.

Findeisen, Klaus-Dieter und Adolph, Peter. 2016. Es ist vollbracht: Der neue Leasingstandard IFRS 16 ist da. *DER BETRIEB.* 04. 03 2016, Heft 9, S. 485–487.

—. **2015.** Leasing – Findeisen und Adolph untersuchen Fragen der Bilanzierung. *DER BETRIEB.* 21. 09 2015, Bd. 37, S. 2097–2100.

Frick, Markus. 2009. *Ursachen, Auswirkungen und eingeleitete Maßnahmen aus der weltweiten Finanz- und Wirtschaftskrise.* München : Grin Verlag, 2009.

Gabler Wirtschaftslexikon. 2016(a). Barwert. [Online] 2016(a). [Zitat vom: 23. 08 2016.] http://wirtschaftslexikon.gabler.de/Definition/barwert.html.

—. **2016(b).** betriebsnotwendiges Vermögen. [Online] 2016(b). [Zitat vom: 05. 07 2016.] http://wirtschaftslexikon.gabler.de/Definition/betriebsnotwendiges-vermoegen.html.

—. **2016.** International Accounting Standards Board (IASB). [Online] 2016. [Zitat vom: 06. 08 2016.] http://wirtschaftslexikon.gabler.de/Definition/international-accounting-standards-board-iasb.html.

Gleißner, Werner. 2014. *Praxishandbuch Rating und Finanzierung: Strategien für den Mittelstand (Finance Competence).* 3. München : Vahlen, 2014.

Gruber, Thomas und Hartmann-Wendels, Thomas. 2016 (a). Leasing-Bilanzierung nach IFRS 16 – ein guter Kompromiss. *Finanzierung Leasing Factoring.* 2016 (a), 2, S. 46–51.

—. **2016 (b).** Leasingnehmerbilanzierung nach IFRS 16 aus bilanzpolitischer Sicht. *KoR IFRS.* 07. 10 2016 (b), Heft 10, S. 441–448.

Grünberger, David. 2015. *IFRS 2015.* 13. Herne : NWB Verlag, 2015.

Grundmann, Wolfgang. 2013. *Leasing und Factoring – Formen, Rechtsgrundlagen, Verträge.* Wiesbaden : Gabler Verlag, 2013.

Hastedt, Uwe und Mellwig, Winfried. 1998. *Leasing: Rechtliche und ökonomische Grundlagen.* Heidelberg : Verlag Recht und Wirtschaft GmbH, 1998.

Haufe. 2013. DRSC hat Vorbehalte gegenüber Änderungsvorschlägen des IASB. [Online] 19. 09 2013. [Zitat vom: 18. 08 2016.] https://www.haufe.de/finance/jahresabschluss-bilanzierung/drsc-lehnt-die-aenderungen-in-weiten-teilen-ab_188_198904.html.

Haunerdinger, Monika und Probst, Hans-Jürgen. 2006. *Finanz- und Liquiditätsplanung in kleinen und mittleren Unternehmen.* München : Rudolf Haufe Verlag, 2006.

Hayn, Sven. 2008. *IFRS/HGB/HGB-BilMoG im Vergleich: synoptische Darstellung mit Bilanzrechtsmodernisierungsgesetz.* 7. Stuttgart : Schäffer-Poeschel Verlag für Wirtschaft + Steuern + Recht GmbH, 2008.

Henneberger, Michael. 2009. Neues Bilanzrecht sorgt für Diskussionen. [Online] 2009. [Zitat vom: 15. 08 2016.] http://www.handelsblatt.com/specials/leasingbilanzierung-neues-bilanzrecht-sorgt-fuer-diskussionen/3283770.html.

Heuser, Paul J, et al. 2012. *IFRS Handbuch.* 5. Köln : Schmidt, Otto, 2012.

Heyd, Reinhard und Ruchti, Anna. 2015. On-Balance-Leasingbilanzierung nach dem Right-of-Use-Ansatz (IFRS 16) – Auswirkungen auf Finanzkennzahlen in der Logistik- und Transportbranche. *Zeitschrift für Internationale Rechnungslegung.* 2015, Heft 12, S. 463–510.

Hutzschenreuter, Thomas. 2009. *Allgemeine Betriebswirtschaftslehre: Grundlagen mit zahlreichen Praxisbeispielen.* 3. Wiesbaden : Gabler Verlag, 2009.

IASB. 2009. Discussion Paper DP/2009/1 Leases. [Online] 03 2009. [Cited: 08 26, 2016.] http://www.ifrs.org/Current-Projects/IASB-Projects/Leases/DPMar09/Documents/DPLeasesPreliminaryViews.pdf.

—. **2016(a).** *Effects Analysis – International Financial Reporting Standard 16 Leases.* London : s.n., 2016(a).

—. **2016(b).** Fact Sheet – IFRS 16 Leases. [Online] 2016(b). [Cited: 07 16, 2016.] http://www.ifrs.org/current-projects/iasb-projects/leases/documents/leases-fact-sheet-january2016.pdf.

—. **2016(c).** Governance and oversight. [Online] 2016(c). [Zitat vom: 06. 08 2016.] http://www.ifrs.org/About-us/IFRS-Foundation/Oversight/Pages/Oversight.aspx.

—. **2014.** IAS 17 Leases. [Online] 2014. [Cited: 08 20, 2016.]
http://www.ifrs.org/IFRSs/Documents/Technical-summaries-
2014/IAS%2017.pdf.

—. **1982.** *IAS 17 Leases.* London : s.n., 1982.

—. **2016(d).** IASB Chairman. [Online] 2016(d). [Cited: 08 08, 2016.]
http://www.ifrs.org/About-us/IASB/Members/Pages/IASB-Chairman.aspx.

—. **2016(e).** *IFRS 16 Leases.* London : s.n., 2016(e).

—. **2016(f).** *International Accounting Standard 17.* London : s.n., 2016(f).

—. **2015.** *International Financial Reporting Standards 2015.* 9. Weinheim :
Wiley-VCH Verlag GmbH & Co. KGaA, 2015.

—. **2016(g).** *International Financial Reporting Standards 2016.* 10.
Weinheim : Wiley-VCH Verlag GmbH & Co. KGaA, 2016(g).

—. **2011.** Leases ED Comment letter Summary. [Online] 01 2011. [Zitat
vom: 17. 08 2016.]
http://www.ifrs.org/Meetings/MeetingDocs/IASB/Archive/Leases/Leases%
20ED%20Comment%20letter%20Summary%20(Jan%2012%20-
%20Final).pdf.

IDW. 2015. *Handelsgesetzbuch (HGB).* Düsseldorf : IDW Verlag GmbH,
2015.

—. **2015.** Ziele einer Bilanzierung. [Online] 2015. [Zitat vom: 16. 08 2016.]
http://www.idw.de/idw/portal/d634204.

International Monetary Fund. 2016. The Financial Sector Assessment
Program (FSAP). [Online] 06. 10 2016. [Zitat vom: 25. 07 2016.]
http://www.imf.org/external/np/exr/facts/fsap.htm.

**Internationaler Controller Verein/Facharbeitskreis Controlling und
IFRS. 2009.** *BilMoG und Controlling: [das
Bilanzrechtsmodernisierungsgesetz im Überblick, wichtige Neuregelungen
und deren Umsetzung im Controlling, Konsequenzen für das
Berichtswesen].* 1. Freiburg : Haufe, 2009.

Kajüter, Peter und Meinhövel, Max. 2016. Bilanzierung von
Leasingverhältnissen nach IFRS 16. *KoR IFRS.* 02. 09 2016, S. 426–435.

Kirsch, Hanno. 2016(a). *Einführung in die internationale
Rechnungslegung nach IFRS.* 10. Herne : NWB Verlag, 2016(a).

—. **2013.** *Einführung in die internationale Rechnungslegung nach IFRS.* 7.
Herne : NWB Verlag, 2013.

—. **2016(b).** IFRS 16 "Leases". *Deutsche Steuer-Zeitung.* 15. 03 2016(b),
Heft 6, S. 189–198.

Klauck, Kai-Oliver und Stegman, Claus. 2012. *Basel III – Vom
regulatorischen Rahmen zu einer risikoadäquaten Gesamtbanksteuerung.*
Stuttgart : Schäffer-Poeschel Verlag für Wirtschaft + Steuern + Recht
GmbH, 2012.

KPMG. 2013. Die geplanten Neuregelungen zur Bilanzierung von
Leasingverträgen. [Online] 2013. [Zitat vom: 26. 08 2016.]
https://www.kpmg.com/DE/de/Documents/ifrs-2-update-leasing-2013-
kpmg.pdf.

—. **2016.** IFRS 16 Leases – First Impressions. [Online] 01 2016. [Zitat
vom: 23. 09 2016.]
https://www.kpmg.com/HU/hu/Documents/IFRSTudashalo/20160203-first-
impressions-leases-IFRS16.pdf.

Kratzer, Jost und Kreuzmaier, Benno. 2002. *Leasing in Theorie und
Praxis – Leitfaden für Anbieter und Anwender.* 2. Wiesbaden : Gabler
Verlag, 2002.

Krause, Hans-Ulrich. 2016. *Controlling-Kennzahlen für ein nachhaltiges
Management: Ein umfassendes Kompendium kompakt erklärter Key
Performance Indicators.* Berlin : Walter de Gruyter GmbH, 2016.

Krause, Hans-Ulrich und Arora, Dayanand. 2010. *Controlling
Kennzahlen – Key Performance Indicators.* 2. München : Oldenbourg
Wissenschaftsverlag GmbH, 2010.

Küting, Peter und Weber, Claus-Peter. 2015. *Die Bilanzanalyse.* 11. Stuttgart : Schäffer-Poeschel Verlag für Wirtschaft + Steuern + Recht GmbH, 2015.

Lange, Tobias und Müller, Stefan. 2016. Neue Regelungen für die Bilanzierung von Leasingverhältnissen Teil 3: Übergangsvorschriften und Umstellungen auf IFRS 16. *Zeitschrift für Internationale Rechnungslegung.* 2016, Heft 5, S. 191–238.

Leaseurope. 2016. Leaseurope Statistics. [Online] 2016. [Cited: 07 21, 2016.] http://www.leaseurope.org/index.php?page=stats-surveys.

Lüdenbach, Norbert. 2014. *IFRS-Kommentar.* 12. Freiburg : Haufe, 2014.

Lufthansa AG. 2014. *Geschäftsbericht 2014.* Köln : s.n., 2014.

—. **2015.** *Geschäftsbericht 2015.* Köln : s.n., 2015.

Muszalik, Chris. 2005. *Die goldenen Bilanzregeln.* Stralsund : Fachhochschule Stralsund, 2005.

onpulson. 2016. Gesamtkapital. [Online] 2016. [Zitat vom: 05. 10 2016.] http://www.onpulson.de/lexikon/gesamtkapital/.

Pellens, Bernhard, et al. 2014. *Internationale Rechnungslegung: IFRS 1 bis 13, IAS 1 bis 41, IFRIC-Interpretationen, Standardentwürfe .* 9. Stuttgart : Schäffer-Poeschel Verlag für Wirtschaft + Steuern + Recht GmbH, 2014.

—. **2008.** *Internationale Rechnungslegung: IFRS 1 bis 8, IAS 1 bis 41, IFRIC-Interpretationen, Standardentwürfe.* 7. Stuttgart : Schäffer-Poeschel Verlag für Wirtschaft + Steuern + Recht GmbH, 2008.

Petersen, Karl, Bansbach, Florian und Dornbach, Eike. 2015. *IFRS Praxishandbuch – Ein Leitfaden für die Rechnungslegung mit Fallbeispielen.* 10. München : Vahlen, 2015.

Pfingsten, Andreas. 2012. *Ursachen und Konsequenzen der Finanzkrise.* Wiesbaden : Gabler Verlag, 2012.

Philippen, Thomas. 2012. *Reform der Leasingbilanzierung durch IFRS: Änderungen und Auswirkungen durch ED/2010/9.* 1. Hamburg : Bachelor + Master Publishing, 2012.

Piesbergen, Christoph und Georgi, Sabine. 2015. IFRS 16 bringt weitreichende Änderungen für Leasing- und Mietverträge. *Immobilien & Finanzierung.* 01. 12 2015, 23, S. 834–836.

Preißler, Peter Richard. 2008. *Betriebswirtschaftliche Kennzahlen: Formeln, Aussagekraft, Sollwerte, Ermittlungsintervalle.* Berlin : Walter de Gruyter GmbH, 2008.

pwc. 2016. IFRS – In Kürze – Aktuelle Entwicklungen in der Finanzberichterstattung. [Online] 28. 06 2016. [Zitat vom: 03. 08 2016.] https://www.pwc.at/newsletter/ifrs/2016/brexit-alert.pdf.

RBS IFRS-Portal. 2016. Was sind IFRS / IAS? [Online] 2016. [Zitat vom: 05. 08 2016.] http://www.ifrs-portal.com/Grundlagen/Was_sind_IFRS_IAS/ Was_sind_IFRS_IAS_01.htm.

Ruhnke, Klaus. 2008. *Rechnungslegung nach IFRS und HGB – Lehrbuch zur Theorie und Praxis der Unternehmenspublizität mit Beispielen und Übungen.* Stuttgart : Schäffer-Poeschel Verlag für Wirtschaft + Steuern + Recht GmbH, 2008.

Ruhnke, Klaus und Simons, Dirk. 2012. *Rechnungslegung nach IFRS und HGB: Lehrbuch zur Theorie und Praxis der Unternehmenspublizität mit Beispielen und Übungen.* 3. Stuttgart : Schäffer-Poeschel Verlag für Wirtschaft + Steuern + Recht GmbH, 2012.

Sabel, Elmar. 2006. *Leasingverträge in der kapitalmarktorientierten Rechnungslegung (Rechnungswesen und Unternehmensüberwachung).* 1. Wiesbaden : Deutscher Universitätsverlag, 2006.

Scharenberg, Sigrun. 2009. *Die Bilanzierung von wirtschaftlichem Eigentum in der IFRS-Rechnungslegung.* Wiesbaden : Gabler Verlag, 2009.

Schmitt, Julia. 2016. Ende der verdeckten Schulden. *MARKT und MITTELSTAND.* 05 2016, S. 38–40.

Skusa, Nico R. 2012. *Handbuch Leasing.* Berlin : Walter de Gruyter GmbH, 2012.

Stamm, Andreas und Giorgini, Andreas. 2011. Umbruch der Leasingbilanzierung nach IFRS. *Bilanzen im Mittelstand.* 2011, 02, S. 32–35.

Statista. 2015. Anzahl der Passagiere ausgewählter europäischer Fluggesellschaften im Jahr 2015. [Online] 2015. [Zitat vom: 07. 09 2016.] http://de.statista.com/statistik/daten/studie/29174/umfrage/anzahl-der-passagiere-europaeischer-fluggesellschaften.

—. 2016. Entwicklung des BIP seit dem Jahr 1991. [Online] 2016. [Zitat vom: 15. 07 2016.] http://de.statista.com/statistik/daten/studie/1251/umfrage/entwicklung-des-bruttoinlandsprodukts-seit-dem-jahr-1991/.

Strube, Dietmar und Kuhn, Simon Max-Anton. 2015. *Bilanzgestaltung und Bilanzanalyse mittels Bilanzierungs- und Bewertungswahlrechten.* Nürnberg : DATEV eG, 2015.

Tesche, Thomas und Küting, Peter. 2016. IFRS 16: Paradigmenwechsel in der Leasing(nehmer)bilanzierung. *Deutsches Steuerrecht.* 2016, 10, S. 561–632.

Vahs, Dietmar und Schäfer-Kunz, Jan. 2007. *Einführung in die Betriebswirtschaftslehre.* 5. Stuttgart : Schäffer-Poeschel Verlag für Wirtschaft + Steuern + Recht GmbH, 2007.

Vinken, Horst. 2011. *BilMoG: Bilanzrechtsmodernisierungsgesetz – Praxiskommentar für Steuerberater.* Berlin : Erich Schmidt Verlag GmbH & Co. KG, 2011.

Weber, Manfred. 2006. *Schnelleinstieg Kennzahlen.* München : Rudolf Haufe Verlag, 2006.

Welt der BWL. 2016. Leasing Definition. [Online] 2016. [Zitat vom: 17. 07 2016.] http://www.welt-der-bwl.de/Leasing.

Werner, Horst S und Kobabe, Rolf. 2007. *Finanzierung.* Hamburg : Schäffer-Poeschel Verlag für Wirtschaft + Steuern + Recht GmbH, 2007.

—. **2005.** *Unternehmensfinanzierung.* Hamburg : Schäffer-Poeschel Verlag für Wirtschaft + Steuern + Recht, 2005.

Wirtschaftslexikon. 2016. bewegliche Sachen. [Online] 2016. [Zitat vom: 21. 07 2016.] http://wirtschaftslexikon.gabler.de/Definition/bewegliche-sachen.html.

Wünsche, Manfred. 2010. *Finanzwirtschaft der Bilanzbuchhalter: Mit Übungsklausuren für die IHK-Prüfung.* 3. Wiesbaden : Gabler Verlag, 2010.

—. **2009.** *Prüfungsvorbereitung Bilanzbuchhalter.* 5. Wiesbaden : Gabler Verlag, 2009.

zeb. 2016. DER NEUE IFRS 16 LEASES RAUBT DEM LEASINGGESCHÄFTSMODELL DEN OFF-BALANCE-VORTEIL FÜR LEASINGNEHMER. [Online] 2016. [Zitat vom: 31. 08 2016.] https://bankinghub.de/banking/steuerung/ifrs-16-lease-leasing-geschaeftsmodell-off-balance-leasingnehmer.

Anhang

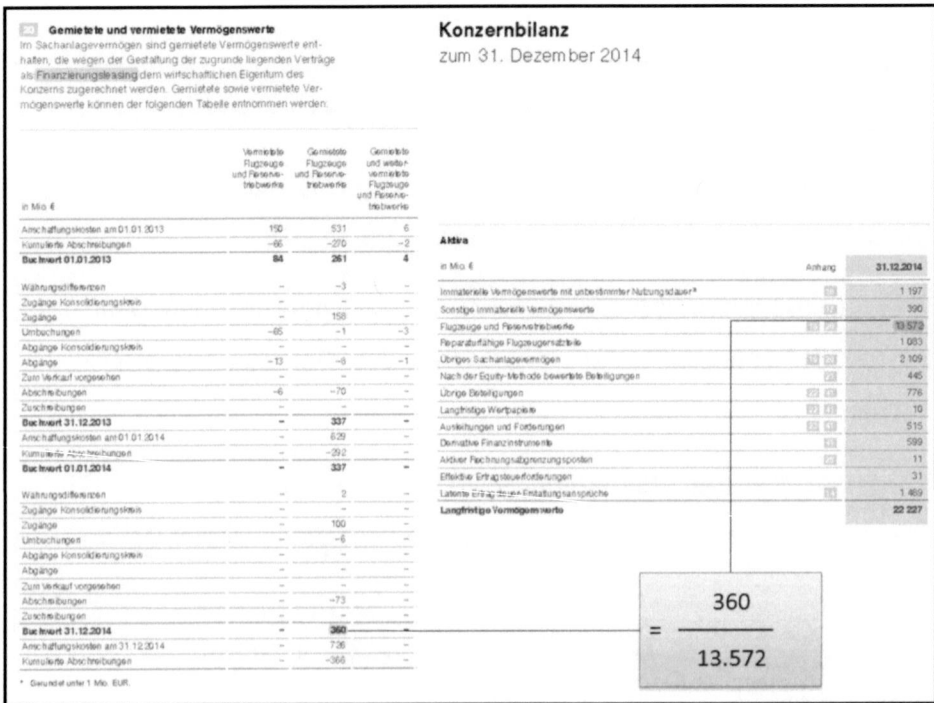

Anhang 1: Berechnung Finanzierungs-Leasingquote der Lufthansa AG im Geschäftsjahr 2014 für Flugzeuge und Reservetriebwerke[361]

---

[361] Basierend auf Daten von (Lufthansa AG, 2014)

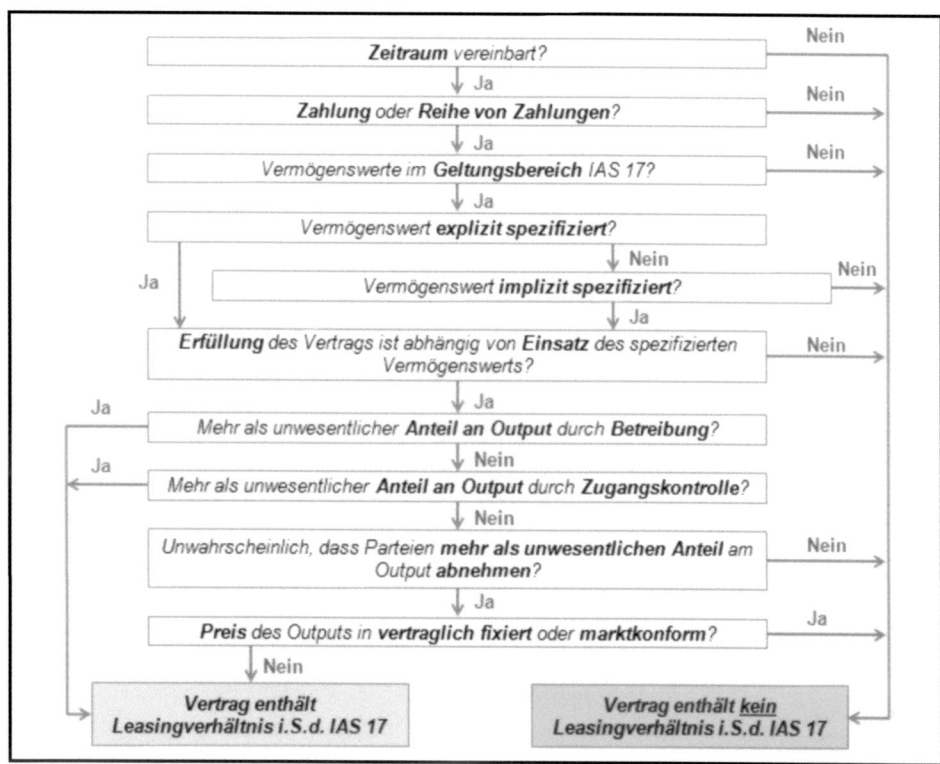

Anhang 2: Prüfungsschema zur Identifizierung eines Leasingverhältnisses nach IAS 17[362]

---

[362] i.A.a. (Bohl, 2013 S. 922)

<u>Standardverlauf</u>
Nutzungsdauer = Laufzeit = 36 Monate; linear 360 TEUR p.a.

Leasingaufwand 360 TEUR	an	Bank 360 TEUR

Leasingaufwand 360 TEUR	an	Bank 360 TEUR

Leasingaufwand 360 TEUR	an	Bank 360 TEUR

<u>Anreizvereinbarung</u>

Nutzungsdauer = Laufzeit = 36 Monate; keine Zahlung in t1; t2 – t3 je 600 TEUR p.a.

Leasingaufwand 400 TEUR	an	Rückstellung aus Nutzungsverlauf 400 TEUR

Leasingaufwand 400 TEUR	an	Bank 600 TEUR
Rückstellung aus Nutzungsverlauf 200 TEUR		

Leasingaufwand 400 TEUR	an	Bank 600 TEUR
Rückstellung aus Nutzungsverlauf 200 TEUR		

<u>Zahlungsmodalitäten</u>
Nutzungsdauer = Laufzeit = 36 Monate; Vorauszahlung für 18 Monate zu je 25 TEUR

Leasingaufwand 300 TEUR	an	Bank 450 TEUR
Sonstiger Vermögenswert 150 TEUR		

Leasingaufwand 300 TEUR	an	Bank 150 TEUR
		Sonstiger Vermögenswert 150 TEUR

Leasingaufwand 300 TEUR	an	Bank 300 TEUR

Anhang 3: Sonderfälle beim Operating-Leasing – Bilanzierung aus Sicht des Leasingnehmers[363]

---

[363] (Bohl, 2013 S. 945)

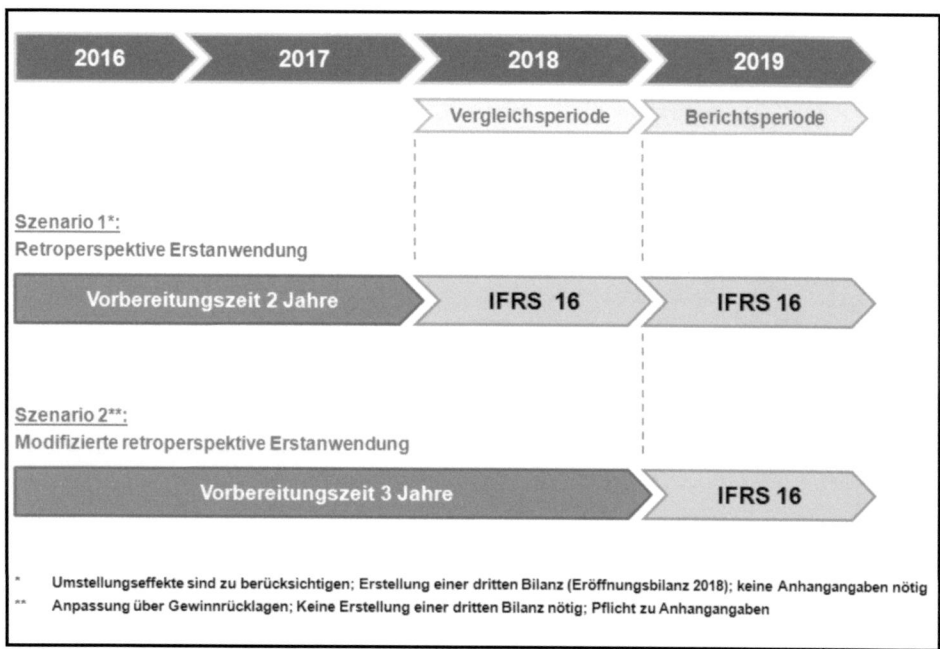

Anhang 4: Übergangsregelungen des IFRS für Leasingnehmer[364]

---

[364] (Eckl, et al., 2016(a) S. 666)

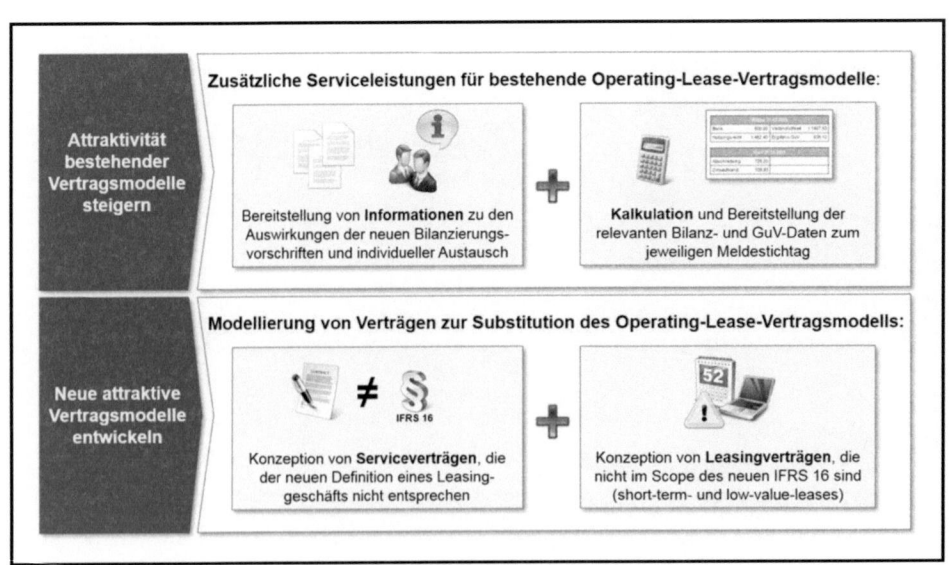

Anhang 5: Auszug möglicher Handlungsalternativen für Leasinggeber[365]

---

[365] (zeb, 2016)

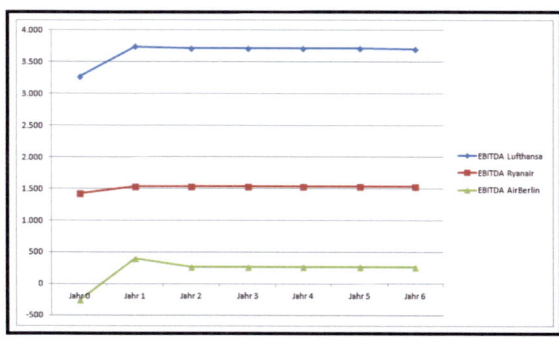

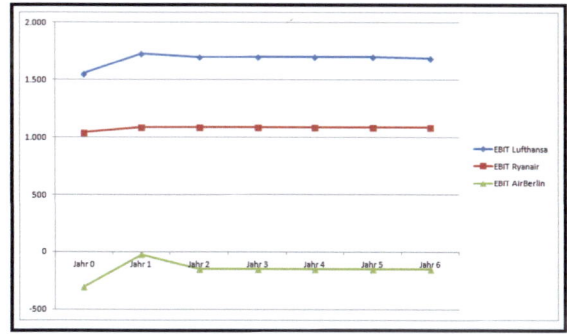

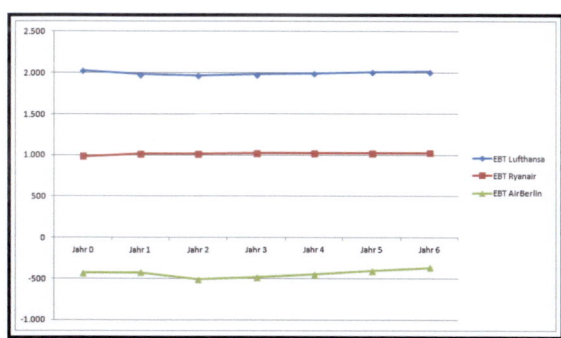

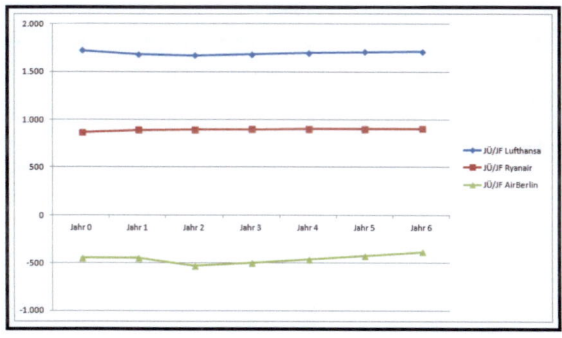

Anhang 6.1: Entwicklung der „Earnings-Before-Kennzahlen" im Rahmen der Fallstudie[366]

<hr>

[366] Eigene Darstellung

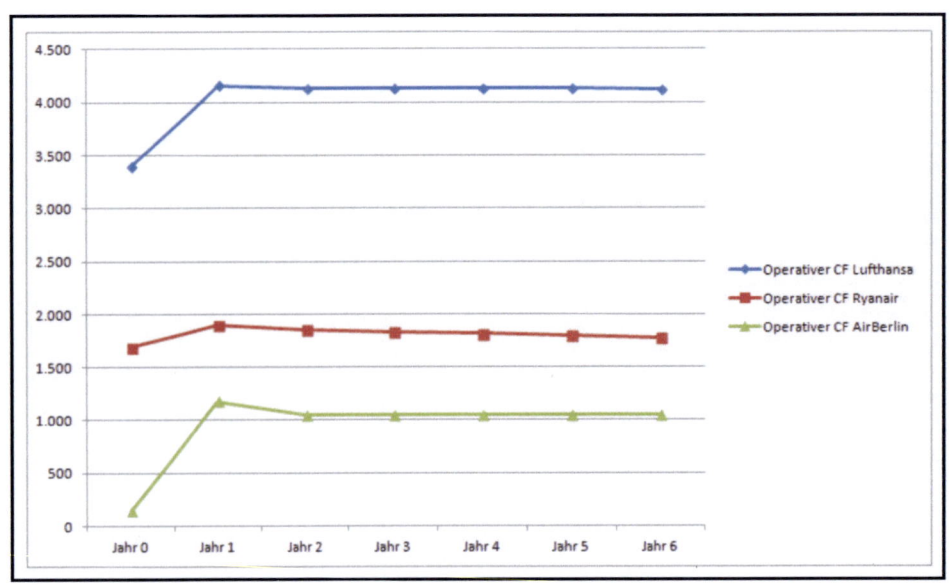

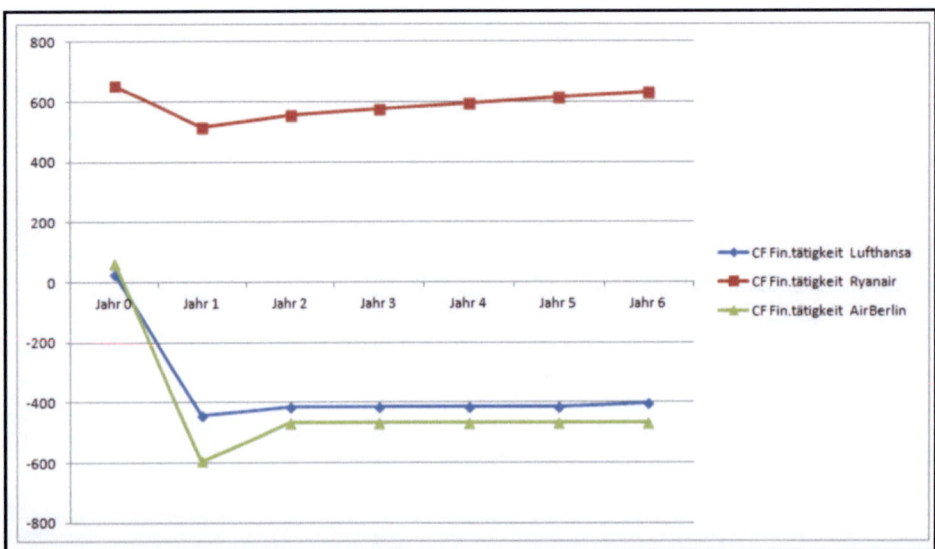

Anhang 6.2: Entwicklung der Cashflows der Kapitalflussrechnung im Rahmen der Fallstudie[367]

---

[367] Eigene Darstellung

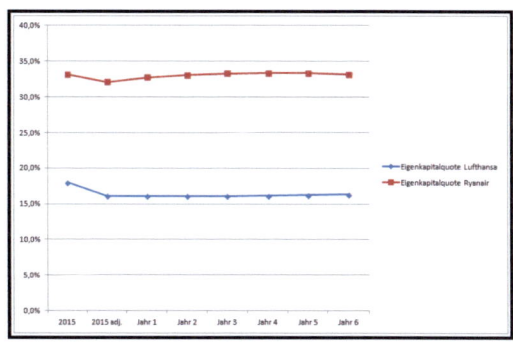

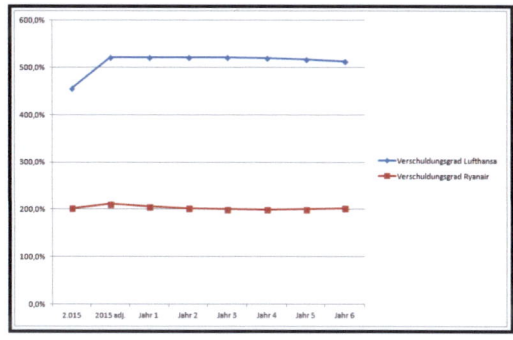

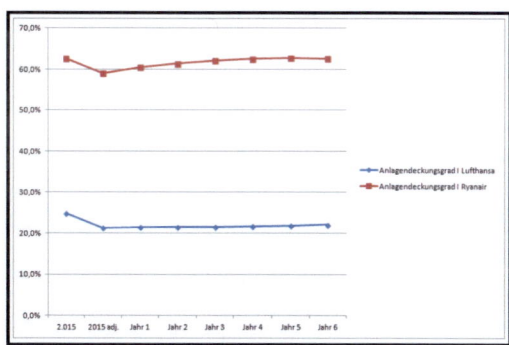

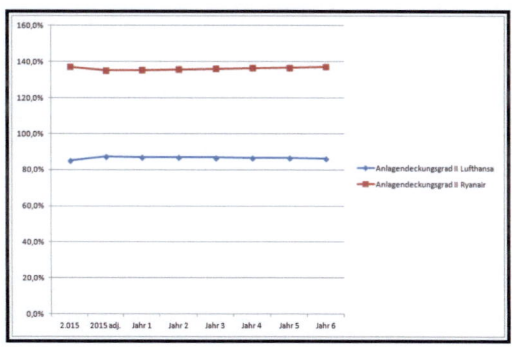

Anhang 6.3a: Entwicklung der Performance-Kennzahlen im Rahmen der Fallstudie[368]

---

[368] Eigene Darstellung

131

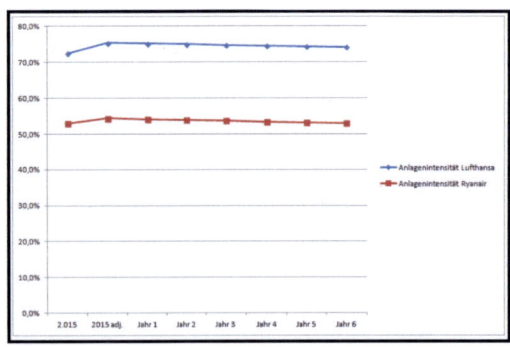

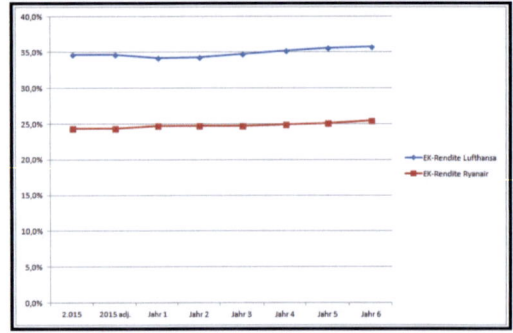

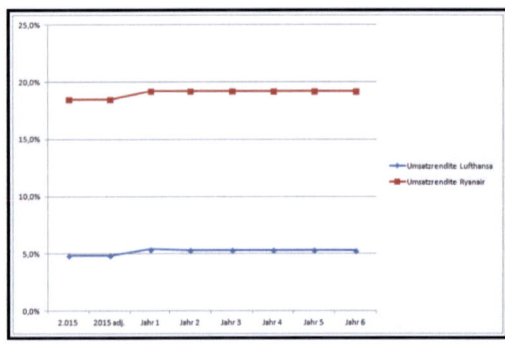

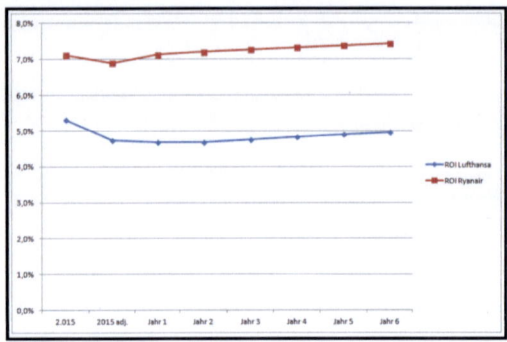

Anhang 6.3b: Entwicklung der Performance-Kennzahlen im Rahmen der Fallstudie[369]

---

[369] Eigene Darstellung